版权许可基础

Essentials of Licensing Copyright

陈凤兰 著

全国百佳出版社
中央编译出版社
Central Compilation & Translation Press

图书在版编目(CIP)数据

版权许可基础/陈凤兰著.
—北京:中央编译出版社,2011.6
ISBN 978-7-5117-0857-1
Ⅰ.①版…
Ⅱ.①陈…
Ⅲ.①版权-基本知识-中国
Ⅳ.①D923.41
中国版本图书馆 CIP 数据核字(2011)第 074795 号

版权许可基础

出 版 人 和 龑
责任编辑 饶莎莎
责任印制 尹 珺
出版发行 中央编译出版社
地　　址 北京西单西斜街 36 号(100032)
电　　话 (010)66509360(总编室) (010)66509317(编辑室)
(010)66161011(团购部) (010)66130345(网络销售)
(010)66509364(发行部) (010)66509618(读者服务部)
网　　址 www.cctpbook.com
经　　销 全国新华书店
印　　刷 北京溢漾印刷有限公司
开　　本 787 毫米×960 毫米 1/16
字　　数 205 千字
印　　张 14.25
版　　次 2011 年 6 月第 1 版第 1 次印刷
定　　价 49.00 元

本社常年法律顾问:北京大成律师事务所首席顾问律师 鲁哈达
凡有印装质量问题,本社负责调换,电话:(010)66509618

编写说明

版权本身不是财富，但是如果利用得当，它会制造财富。版权所带有的潜在财富是深藏不露的，只有进行成功的商业利用，它的经济价值才会显现。然而，版权所有者通常没有能力或者不能够有效地对其拥有的权利进行开发利用。在这种情况下，权利人可能会将其拥有的版权出卖给能够担当此任的合作方，但是，多数权利人往往不愿全部出让他的权利。例如，版权所有人希望不论是在目前还是在未来保持自己使用该财产权的权利。况且，有时可能很难或者不可能寻求到愿意或者有经济实力的理想伙伴。那么，版权人如何来充分实现其权利的经济价值呢?回答当然是许可。版权拥有者可以通过许可一方或多方使用权，被许可人在将版权转换成产品或服务的过程中使其价值得以实现。版权许可的重要性由此可见一斑。然而，许多版权权利人（或企业或个人）经常忽视许可的原则、风险和机会。本书探讨了版权许可及实现版权经济价值的基本问题。

全书共分七章。第一章定义了许可的含义、许可的优势及许可的种类。第二章介绍了合同法的基本问题及许可合同的基本框架。第三章主要涉及国际版权保护与标准及诉权分配。第四章具体说明计算机软件、广告及宣传品版权的许可问题。第五章讨论了版税的种类、决定版税率的因素等。第六章是相关许可合同的管理与执行。最后，第七章总结了版权谈判的基本程序及方法。另外，本书还附带了七个附录：附录一为2010年最新修正的《中华人民共和国著作权法》；附录二为《中华人民共和国著作权法实施条例》；附录三为《计算机软件保护条例》；附录四为中英文图书翻译权的版权许可合同样本；附录五为中英文计算机软件许可合同样本；附录六为全国版权代理机构一览表；附录七为中英文版权与版权贸易专门词汇表。

考虑到版权许可多为涉外贸易活动，英语通常为合作双方使用的工作语言，为此本书还在重要的概念或专业词汇的表述后面加注了英文的表达方式，以便为读者在查阅相关英文资料或准备版权许可谈判时提供关键词或专用术语。

目　录

第二部分 附录

第一部分　版权许可基础

第一章　引言

本章内容提要

- 版权许可的定义
- 版权许可的意义
- 许可协议的种类

1　许可的概述

1.1　什么是许可（license）?

在版权（我国称著作权）领域，一般理解为作者或其他版权所有人（许可人/licensor）给予作品的使用者（被许可人/licensee）以某种方式并按双方在有关合同（许可协议/licensing agreement）中约定的条件使用该作品的授权（允许）。许可可以是专有的/独占的（exclusive），也可以是非专有的/非独占的（non-exclusive）。

专有许可合同是指合同约定使用者在合同的有效期限内，使用者享有专有的、排他的使用权，包括著作权人在内的任何人不得再以相同的方式使用作品，故被许可方要支付较高的费用，期限也不会太长。非专有许可也称普通许可使用，指被许可人在约定的范围内享有非独占的使用权，著作权人自己可以，同时可以许可他人以与被许可人相同的方式使用作品（实际上，普通许可是很难实现的，作品的市场与商品的市场具有不可比拟性）。

与转让不同，许可并不发生所有人身份的转移，而仅构成根据作品的版权使用作品的权利；版权仍由许可人保留，只是按授予许可的范围受到限制。版权公约和国内著作权法可以规定特殊情况下的强制许可（compulsory license）和法定许可（statuary license）①。

强制许可制度指由著作权主管机关授予的特殊使用他人作品的制度，即他人基于正当理由有必要使用作者已发表的作品时，经申请并由主管机关批准而特许获得对该作品的使用权，但使用人应向作者支付报酬，旨在防止著作权人滥用自己的专有权。《伯尔尼公约》和《世界版权公约》对强制许可制度都给予了承认，同时还规定了特别的强制许可制度，即发展中国家在遵守一定条件的前提下，为了教学、学术活动和研究，允许用本国通用语言出版外国印刷作品的译本，或者在系统教学活动中使用此种外国印刷作品的复制本。强制许可是一种非独占的使用许可，被许可方在获得许可后，不得进行转让。中国有关著作权理论认为，强制许可仅适用于下列情况：作品发表一定期限后，如果著作权人无正当理由拒绝授权他人出版或者以其他方式传播，为了教育或者科学研究的目的，经国家著作权行政管理机关批准，可以强制出版或者以其他方式传播，但必须按照国家的有关规定向著作权人支付著作权使用费。

法定许可，是指在法律直接规定的范围内对作品进行某种使用时，可以不经著作权人的同意，但应当向著作权人支付报酬。

法定许可使用作品必须具备以下条件：第一，许可使用的作品必须是已经发表的作品；第二，使用作品应当向著作权人支付报酬；第三，著作权人未发表不得使用的声明；第四，不得损害被使用作品和著作权人的权利。

版权许可是版权贸易中最常见、最普遍的版权使用类型。

---

① 《伯尔尼公约·附录》第Ⅱ条第（1）款；《世界版权公约》第5条第（2）款。

表 1.1

版权许可具有以下特点：
● 许可方必须是权利人。 ● 许可使用的作品必须是受相关法律保护的作品。 ● 许可行为发生后著作权主体不变，许可协议只给予被许可人与所有权相伴的知识财产中的某些而不是全部权利。许可使用的一方只享有被许可的使用权，而不享有被许可范围之外的权利。 ● 许可协议必须标明哪些权利由许可人保留，或者是由自己或者将来授予第三方行使。许可人往往保留大部分知识产权法所赋予的权利。

提示：

在出版和演出领域，权利的保留尤为普遍。按照惯例，许可协议通常详细规定了被许可的权利以及由许可人自己保留的权利。例如，一项文字作品的出版许可证必须明确规定许可或保留下述权利：出版精装本和平装本；连载作品；改编作品至其他媒体，如舞台、广播电视及录像带。

1.2　独占许可的含义

与非独占许可比较，独占许可提供更多的保证。至少，他要求许可人不得就同一标的向第三方另外颁发新的许可，从而容许他们与原被许可人进行竞争。更进一步，虽然一份许可协议在这方面的具体效力取决于它的协议条款，但一般而言，独占许可推定许可人应该在许可协议的范围内抑制竞争，从而可以使被许可人在这一范围内对权力标的进行排他性的使用，因为独占许可可以通过这种方式限制竞争。

通常，知识产权的所有权等同于独占权。在一定程度上，知识产权具有提供某种独占权利的意图和效果，所有权则为这种独占性权利提供了保障。版权共有制度在某些方面与专利相似，但在另一些方面又有区别。与专利共有人类似，版权共有人享有不可知其他共有人，不经其他共有人允许或同意而独立使用或许可版权作品的权利，但是与专利共有人不同的是，即使利用或许可版权作品的完全是个人行为，版权共有人也必须为公平的分配所得利益而相互通告。

在多数国家法律只允许“版权人或享有独占权的受益人”提起侵权的诉讼。但是，在实践中，建议版权共有人在提起侵权之诉的时候，一定要确定法院确实已经履行了通知所有共有人并授权他们加入诉讼的义务。实际上，明智的做法是全体共有人联合起来，共同起诉侵权者。每个权利人都有能力通过向被诉讼侵权人颁发许可证而使诉讼失去意义。甚至，每个权利人都有权免除非所有人过去侵权行为的责任。当其他共有人颁发了许可证并且/或者免除了侵权责任，使诉讼没有必要继续进行，未经其他共有人同意而提起诉讼的共有人则最终独自承担诉讼费用。为了避免这种情况发生，共有人应该在诉讼中尽可能地联合其他权利人共同进行诉讼。

1.3　独占许可的登记

在许多国家的司法体制下，为了发生法律效力或保持相对于其后转让行为的优先地位，知识产权的转移和转让应该在相应的政府机构进行登记。因为在很多方面，独占许可与转移或转让具有同等的经济意义，所以同样要提出登记要求是否应该适用于独占许可的问题。

美国和我国的版权法极其重视版权的注册以及转让和许可的登记。版权注册是一些重要的侵权救济实施的先决条件。登记并不是获得法律效力的前提条件，然而，如果要取得相对于第三方诉求的优先权，就必须进行登记——这不仅针对那些存在利益冲突的权利转让和独占许可，也针对那些存在利益冲突的非独占许可。因为还有部分国家根本不需要登记注册，所以在进行版权国际贸易时，应该核查其欲将作品投入商业使用的国家关于登记的相关情况及要求。

2　为什么要许可?

作者或其他著作权所有人为什么要授权他人使用该作品呢? 原因有若干，但是，最重要的是因为许可创造利润。为了最大限度地开发其知识产权的商业价值，企业或权力所有人通常都愿意发放许可证。

多数许可收取版税，或一次性总付（a paid-up license）或按销售额定期收取版税（a running royalty license）。

2.1　扩展地理市场

许可可以赚取版税收入。除此之外，许可还可以被用作进入新的地理或产品市场的工具。权利人通过许可将其著作权/作品投放到一个新的由被许可人经营管理的市场。例如，通过授权国外实体利用其知识产权，一个公司就可以充分利用业已存在的实体所具有的人员和现有的渠道、资源、生产程序和营销等方面的条件，以及该实体对国外市场、风俗习惯和消费需求的了解。许可极大地利用这些条件，因此它往往是进入国外市场最快捷的路径。被许可人承担所有的风险，如新的投资、使用该权利所要支付的版税。许可人要做的就是收取版权、观察被许可人的经营状况。如果被许可人的努力获得成功，许可人也可以自己进军该市场（如果该许可为非专有许可，详细内容见第二章）。但是，如果被许可人的努力以失败而告终，那么，许可人在没有任何代价的情况下学到了宝贵的经验。

2.2　扩展产品市场

在某些情况下，许可某种程度上还可以被用来加强许可人的市场竞争力。一个企业往往只拥有在某一产品上利用知识产权的资源，而其知识产权却还可以运用于其他产品或服务上。电视录像业即是一个典型的例子。如今，家用娱乐节目录像带存在着巨大的市场。然而，电影和电视节目的独立制作人多数情况下不具备大量生产和发行的资源。为了从市场中获取最大的利润，制作人将其作品著作权，即影片和电视节目的版权许可给某些公司，由其制作原版音像制品（录像带、光盘等）并生产和发行其复制品。

2.3 获取附加收益

某些企业往往对自己未曾涉猎的领域或不感兴趣的知识产权进行开发，通过许可的方式授权他人利用以增加其知识产权的附加值、获取额外的收入。例如，一个计算机主机的软件开发商可以授权他人在个人电脑上使用其软件的修改版。同样地，软件开发商可能对开发个人电脑软件不感兴趣，因而不具备计算机主机系统领域以外的专门知识或技术。但是，如果所许可的领域与许可人的主要商业领域密切相关，则处于这种目的的许可也许无意中会在许可人的主要市场中建立出人意料的竞争力。

2.4 加强文化渗透

如果说版权作为一种重要的智力资源和智力创新成果在经济社会发展中有着重要作用，那么版权许可贸易就是充分挖掘版权潜在价值，促进文学、艺术和科学作品商品化、产业化的基本载体和重要途径，是版权创作与使用的桥梁，是作品生产与作品传播的纽带。可见，它不但是一种经济、法律行为，更是一种文化传播的手段。

3 许可协议的种类

许可协议所反映的是真实的商业交易，而不是抽象的法律类别，它们往往贯穿于知识产权的不同领域。通常情况下，著作权属于创造性的表达（书籍、电影或电视剧）以及新技术（光盘或数据管理系统）领域。版权协议大体可以分为如下两个基本类型：

3.1　技术许可证（technology trade license）

许可方将其已获版权的或享有转让权的技术使用权，在一定条件下转让给被许可方，被许可方取得该项技术的使用权，并向许可方支付版权技术使用费的协议。

此类包括计算机软件、数据库和用户手册这类技术资料的版权。

3.2　出版和演出许可证（publication and performance license）

主要集中于创造性成果，如文字作品、视听作品、音乐作品和多媒体作品的版权。

4　著作权使用许可合同的相关规定

《中国著作权法》第 24 条规定使用他人作品应当同著作权人订立许可使用合同，本法规定可以不经许可的除外。

许可使用合同包括下列主要内容：

1）许可使用的权利种类；

2）许可使用的权利是专有使用权或者非专有使用权；

3）许可使用的地域范围、期限；

4）付酬标准和办法；

5）违约责任；

6）双方认为需要约定的其他内容。

总　结

许可是在不转让财产所有权的条件下让渡财产中的权利。本书只涉及版权的许可，它是一种在为转让所有权的情况下转移知识产权中的财产权的合同。

许可协议通常涵盖一类以上知识产权，这是它在实践中的难题。因此，律师和管理者应评估许可协议的合法性、商业意义以及依据涉及所有知识产权的各种不同类型的法律带来的后果。例如，一份录像游戏许可证也许包含受版权保护的视听作品、软件以及体现在软件中的商业秘密。所以，每一项许可协议均囊括了若干项构成许可证内容的知识产权[①]。最常用的独占许可禁止许可人再向第三方另外颁发许可证。但是，独占许可是否允许许可人自己使用已经颁发了许可证的知识产权则不是非常明确。

---

① Jay Dratler, Jr. *Licensing of Intellectual Property* [M]. New York: Journal Seminars-Press, 1998.

第二章　合同法基础

本章内容提要

- 合同及许可的要素
- 有效合同的制定

1　合同的要件

合同也称为契约。合同是反映交易的法律形式。大陆法学者基本上认为合同是一种合意或协议。英美法学者大都认为合同是一种允诺。而我国民法理论在合同定义上，基本上继受了大陆法的概念，认为合同是一种合意或协议。例如，我国《民法通则》第85条规定，“合同是当事人之间设立、变更、终止民事法律关系的协议。依法成立的合同，受法律保护。”

简言之，合同是一种具有法律效力的协议或允诺。合同包含四个基本要素（见表2.1）

1.1　发盘与接受（offer and acceptance）

1.1.1　发盘（offer）

在国际贸易实务中，发盘也称报盘、发价、报价。法律上称之为“要约”。发盘可以是应对方询盘的要求发出，也可以是在没有询盘的情况下，直接向对方发出。发盘一般是由卖方发出的，但也可以由买方发出，业务称其为“递盘”。

构成发盘的要件

一项法律上有效的发盘，须具备4个条件。

1）发盘是向一个（或几个）特定受盘人提出的订立合同的建议（注意概念上要与“发盘的邀请”相区别）。

2）发盘的内容必须十分确定，一旦受盘人接受，合同即告成立。如果内容不确定，即使对方接受，也不能构成合同成立。

3）发盘人须表明承受按照发盘条件与对方成立合同的约束意旨。例如：a）使用表示发盘的术语，如“发盘”、“不可撤销发盘”、“递盘”、“不可撤销递盘”、“订购”、“定货”等。b）明确规定有效期。“……限XX日复到有效”、“以我方最后确认有效”、“以未售出为准”等。包括内容：一项发盘，通常包含商品的品质、数量、包装、价格、交货、付款等六个主要方面的交易条件。《联合国国际货物销售合同公约》（后面简称《公约》）第14条规定“……一个建议如果表明货物并且明示或暗示地规定数量和价格或规定如何确定数量和价格，即为十分确定。”如此看来，一项发盘只要包含商品的名称、数量、价格这三个条件，就算完整邀请发盘。

4）发盘必须送达受盘人。根据《公约》规定，发盘于送达受盘人时生效。如发盘由于在传递中遗失以至受盘人未能收到，则该发盘无效。

发盘的方式

发盘可以是应对方询盘的要求提出，也可以是在没有询盘的情况下，直接向对方提出，发盘多由卖方提出，习惯上称为“卖方发盘”（selling offer）；如由买方提出，习惯上称为“买方发盘（buying offer or bid）”。

例如：

卖方发盘："可供1000打T恤衫，每打45美元，FOB青岛，5～6月份装运，不可撤消即期信用证付款。"

买方发盘："订货，大同煤干态发热量6900大卡以上/每公吨，含水分8%以下，80000公吨，9～10月份装运，每公吨FOB秦皇岛45美元，不可撤消即期信用证支付，10日内复到有效。"

发盘生效的时间

发盘生效的时间有各种不同的情况：

以口头方式做出的发盘，其法律效力自对方了解发盘内容时生效；

以书面形式做出的发盘，关于生效时间，有两种不同的观点：

1）发信主义，即认为发盘人将发盘发出的同时，发盘就生效。

2）受信主义，又称到达主义，即认为发盘必须到达受盘人时生效。

我国的合同法关于发盘生效时间的规定采取的是到达主义。

发盘失效（invalid offer）

发盘失效是指发盘法律效力的终结，也称为发盘的终止（offer termination）。最常见的原因有：

1）过了规定的有效期或合理时间而没有被受盘人有效接受。

2）在有效期内被受盘人拒绝或还盘。

3）在被接受前，发盘人对所发盘进行有效的撤回。

4）法律的适用（application of law），就是指发盘不符合某项法律的规定而被终止。如受盘人或发盘人在发盘被接受之前丧失行为能力（如患精神病等）或死亡、法人破产等。

5）发盘的撤回（withdrawal）与撤消（revocation）。

发盘的撤回是指发盘于送达受盘人时生效，发盘人于发盘尚未生效之时，可将其撤回，即撤回通知应在发盘送达受盘人之前到达或同时到达。

撤消是指发盘人在其发盘已经到达受盘人之后，即在发盘已经生效之后，发盘人以一定的方式解除它的效力。

《公约》第16条规定：“在尚未订立合同之前，如果撤消通知在受盘人发出接受通知之前送达受盘人，发盘得予撤消。”但下列两种情况下，发盘不可以撤消：

1）发盘中注明了有效期，或以其他方式表明发盘不可撤消的；

2）发盘人有理由信赖该发盘是不可撤消的。

1.1.2 接受（acceptance）

是指交易的一方在接到另一方的发盘或还盘后，以口头或书面的形式或行为向对方无条件地表示完全同意发盘或还盘的内容，并愿与之签订合同。接受在法律上称为承诺。接受如同发盘一样，既属于商业行为，也属于法律行为。接受产生的重要法律后果是交易达成，合同成立。

构成发盘的要件

根据《联合国国际货物销售合同公约》（后面简称《公约》）的解释，构成有效的接受要具备以下4个条件：

1）接受必须是由受盘人做出。其他人对发盘表示同意，不能构成接受。这一条件与发盘的第一个条件是相呼应的。发盘必须向特定的人发出，即表示发盘人愿意按发盘的条件与受盘人订立合同，但并不表示他愿意按这些条件与任何人订立合同。因此，接受也只能由受盘人做出才具有效力。

2）受盘人表示接受，要采取声明的方式即以口头或书面的声明向发盘人明确表示出来。另外，还可以用行为表示接受。

3）接受的内容要与发盘的内容相符。就是说，接受应是无条件的。但在业务中，常有这种情况，受盘人在答复中使用了接受的字眼，但已对发盘的内容作了增加、限制或修改，这在法律上称为“有条件的接受”，不能成为有效的接受，而属于“还盘”。

接受的通知要在发盘的有效期内送达发盘人才能生效。

4）发盘中通常都规定有效期。这一期限有双重意义：一方面它约束发盘人，使发盘人承担义务，在有效期内不能任意撤消或修改发盘的内容，过期则不再受其约束；另一方面，发盘人规定有效期，也是约束受盘人，只有在有效期内做出接受，才具有法律效力。

逾期接受（late acceptance）

也称迟到的接受，指接受通知未能在有效期内或合理时间内到达发盘人。逾期接受一般不能作为法律上的有效接受，而只能作为一项新的发盘。但下列两个情况属于例外：

1）《公约》第 21 条第 1 款规定："逾期接受仍有效力，如果发盘人毫不迟延的用口头或书面形式将此种意见通知受益人。"

2）《公约》第 21 条第 2 款规定："如果载有逾期接受的信件或其他书面文件表明，它是在传递正常，能及时送达发盘人的情况下寄发的，则该项逾期接受仍具有接受的效力，除非发盘人毫不迟延地用口头或书面形式通知受益人，他认为他的发盘已经失效。"

接受撤回（withdrawal of acceptance）

指受盘人在接受生效之前撤回其接受的行为。接受撤回是受盘人阻止接受发生效力的一种表示。《公约》第 22 条规定："接受得予撤回，如果撤回通知于接受原应生效之前或同时送达发盘人。"

2　有法定能力的当事人（competent parties）

如果一份合同具有法律效力，那么，其行为人必须具有法定的"能力"，即民事行为能力。

公民的民事行为能力，是指法律确认的公民通过自己的行为从事民事活动，参加民事法律关系，取得民事权利和承担民事义务的能力。

2.1　公民的民事行为能力的法律特征

1）民事行为能力由国家法律加以确认。是国家法律为维护公民的合法权益和保障社会的正常秩序确认的。公民是否具有独立从事民事活动的能力，不取决于公民的主观意愿。

2）民事行为能力与公民的年龄和智力状态直接相联系。只有达到一定年龄、智力状态正常的公民，才能正确地理解其行为的社会意义，独立完成某一民事行为，取得民事权利，承担民事义务。因此，法律对不同年龄和智力状态的公民规定不同的民事行为能力。

3）民事行为能力非依法定条件和程序受限制或取消。由于民事行为能力是国家法律赋予公民从事民事活动的资格，因此，除非法律规定的应当限制或取消公民民事行为能力的情形出现，否则，任何个人和组织无法也不得限制或取消公民的民事行为能力。

2.2　公民民事行为能力的分类

我国《民法通则》根据公民的年龄、智力状态等因素，把公司的民事行为能力分为完全民事行为能力、限制民事行为能力和无民事行为能力三类。

2.2.1　完全民事行为能力

完全民事行为能力，是指法律赋予达到一定年龄和智力状态正常的公民通过自己的独立行为进行民事活动的能力。《民法通则》第 11 条规定："18 周岁以上的公民是成年人，具有完全民事行为能力，可以独立进行民事活动，是完全民事行为能力人。16 周岁以上不满 18 周岁的公民，以自己的劳动收入为主要生活来源的，视为完全民事行为能力人。"

至于何种状况才属于"以自己的劳动收入为主要生活来源"，最高人民法院《关于贯彻执行〈中华人民共和国民法通则〉若干问题的意见（试行）》第 2 条规定："16 周岁不满 18 周岁的人民，能够以自己的劳动取得收入，并能达到当地群众一般生活水平的，可以认定为以自己的劳动收入为主要生活来源的完全民事行为能力人。"

2.2.2　限制民事行为能力

限制民事行为能力，又称为不完全民事行为能力或部分民事行为能力，是指法律赋予那些已经达到一定年龄但尚未成年和虽已成年但精神不健全，不能完全辨认自己行为后果的公民所享有的可以从事与自己的年龄、智力和精神健康状况相适应的民事活动的能力。对享有限制民事行为能力的公民，可称为限制民事行为能力人。

根据《民法通则》第12条和第13条中的规定，限制民事行为能力可分为两种：

1）10周岁以上的未成年人是限制民事行为能力人，可以进行与他的年龄、智力相适应的民事活动；其他民事活动由他的法定代理人代理，或者征得他的法定代理人的同意。

2）不能完全辨认自己行为的精神病人是限制民事行为能力人，可以进行与他的精神健康状况相适应的民事活动；其他民事活动由他的法定代理人代理，或者征得他的法定代理人的同意。

2.2.3　无民事行为能力

无民事行为能力，是指完全不具有以自己的行为从事民事活动以取得民事权利和承担民事义务的资格。对无民事行为能力的公民，可称为无民事行为能力人。

《民法通则》第12条和第13条中分别规定了两种民事行为能力人：

1）不满10周岁的未成年人是无民事行为能力人，则他的法定代理人代理民事活动。

2）不能辨认自己行为的精神病人是无民事行为能力人，由他的法定代理人代理民事活动。

3　对价（consideration）

对价原本是英美合同法中的重要概念，其内涵是一方为换取另一方做某事的承诺而向另一方支付的金钱代价或得到该种承诺的承诺。对价是指当事人一方在获得某种利益时，必须给付对方相应的代价。如果一方当事人提供不符合双方认可的对价，不仅构成民法中的违约责任，在《票据法》中也被认为是无对价，只有在事后追认同意的，才构成对价。其含义是一方被赋予的某种权利、利益、好处或利润，或是另一方承担的容忍、损害、损失或责任。

对价内涵

对价从法律上看是一种等价有偿的允诺关系，而从经济学的角度说，对价就是利益冲突的双方处于各自利益最优状况的要约而又互不被对方接受时，通过两个或两个以上平等主体之间的妥协关系来解决这一冲突。换句话说，在两个以上平等主体之间由于经济利益调整导致法律关系冲突时，矛盾各方所做出的让步。这种让步也可以理解为是由于双方从强调自身利益出发而给对方造成的损失的一种补偿。

对价需要符合以下条件：

- 对价必须合法。
- 对价须是待履行或已履行的对价，而不能是过去的对价。
- 法律规定的义务或者既存义务不能作为对价。
- 对价须是某种有价值的东西，但价值上不一定相称。
- 对价必须来自受允诺人。

4 合法目的（legal purpose）

不违反法律或社会公共利益。此点是针对合同的目的和合同的内容而言的。合同的目的是当事人缔结合同所欲达到的一种效果。合同的内容是指合同中规定的权利和义务所指向的对象。纵使合同生效的其他要件都具备，但因合同的目的或内容违反了法律或社会公共利益，也会使合同归于无效。虽然我国的《合同法》奉行合同自由原则，即当事人可自由协商确定合同的内容，但是当事人的自由不能超出法律的限制。

表 2.1

合同的要件
具有民事行为能力的行为人之间的发盘与接受（要约与承兑）＋对价＋合法目的＝合同

5　许可协议的一般结构

5.1　序言/Preamble

多数合同或许可的格式大体相同：首先是合同双方当事人身份的说明（见表 2.2）；其次是双方合作的意图或目的陈述。

表 2.2

许可协议的结构
序言/Preamble（Introductions）
定义/Definitions
授权/Grant
版税/Royalties
担保/Warranties
期限与终止/Term and Termination
出卖与转让/Assignment and Transfer
其他/Miscellaneous Terms
签字/Signatures

5.2 定义/Definitions

有这样一种说法：当出现法律纠纷时，定义明确的一方将赢得诉讼。当起草合同时切记明确定义所有合同中使用的名词术语。确保这些权限、条款反映双方的意图（至少是您的意图）。

权限可能是“非独占的/非排它的”（inclusive），要具体说明所包括的内容，或者是“独占的/排它的”（exclusive），要具体说明所排除的内容。同样地，定义还可能是“未订明全部条件的”（open），允许纳入追加的、未陈述的条款，或者是“终结的”（closed），将条款内容限定在合同所陈述的范围之内。两种定义看起来及其相似，但可以对协议产生不同的影响。

5.3 授权/Grant

本质上讲，授权是许可的核心。在此许可人授予被许可人使用知识产权的某种权利，并且对许可的范围及性质做出具体说明。

在授权条款中，许可的权利或财产被明确，而且任何对于他们使用程度或方式的限制都要做出具体说明，如许可的地理区域和时间限制。

除了定义许可的使用范围，授权还可以具体规定许可人是否能够进一步授权许可，同样地，被许可人是否可以向第三方转让或“出卖”许可，或允许第三方“分许可”（sublicenses）。

许可可以是“独占/专有的”（exclusive）或“非独占/非专有的”（non-exclusive）。例如，在翻译版权许可合同中，授权款项的内容可以是：根据本协议，版权所有者授予出版者以自己的名义，以图书形式（简/精装）翻译、制作、出版该作品中文（简体）版（以下简称翻译本）的专有权，限在中华人民共和国大陆发行，不包括香港和澳门。未经版权所有者的书面同意，出版者不能复制版权所有者对该作品的封面设计，也不能使用版权所有者的标识、商标或版权页。本协议授予的权利不及于该作品的其他后续版本。

一个非专有许可仅仅只是不向他人起诉的契约。只要非专有被许可人遵守所有许可协议的条款，许可人将放弃起诉。但是，许可人有权利使用已经许可的权利并可以向他人授权使用其他权利。因此，非专有被许可人不要期望对许可的权利获取——或者保持——垄断。专有许可使许可人不再具有进一步授权专有许可的权利。它还使许可人失去了自身使用已许可产权的权利。一种混合许可形式是专有许可，但是，它同时允许许可人利用该财产，这种许可并不多见。这种许可在加拿大和英国常用，被称为“唯一许可”（a sole license）。

许可可以是“可转让的”（assignable）或是“不可转让的”（non-assignable）。可转让的许可意思是可以由被许可人“转让”或“出卖”给第三方，该第三方取代原被许可人。不可转让的许可意味着该许可不可以转让。在实践活动中，任何许可都不会是在无任何条件限制的情况下转让的，也不会是绝对地不可以转让。实际上，在极其有限的具体条件下，许可是可以被转让的。在这种情况下，授权可以直接陈述这两种选择（可或不可转让）的使用，并且在协议的单独部分阐明与协议相关的具体条款，该部分通常被冠以“转让”（assignment）之名。通常情况下，那些版税在许可初期是以一次性全付的形式支付的许可应该是不可以转让的。

需要避免的是与一家小型公司签订全额付清版税的许可合同（a paid-up license），且版税费又很少，而结果却看到被许可人将该许可转让给另外一家规模更大的公司，这家大公司在无需支付任何版权税的情况下对获得使用的权利进行了广泛的开发利用。当然，通过在签订合同款项时坚持以被许可品的销售额来收取版权税（a running royalty license）就可以避免这种情况的发生。

另外值得注意的是某些公司糟糕的信誉和财务状况：没有任何许可人愿意遇到这样的受让人。为了防止这种情况发生，在可能的条件下，转让协议生效应以许可人批准为条件，即许可人有权合理地撤销合同。

最后，应该意识到转让事宜并不总是能够在许可人的掌控范围之内。被许可人也许会破产，那么，一切事宜应适用于《破产法》。为了避免许可权落入到某个不了解的受托人手中，通常的做法是如果被许可人破产或者行将破产，那么，该许可协议将自动终止。

提示：

许可人可以向若干被许可人颁发同一个非专有权的许可。但是，既然这种权利不能保证被许可人的独占使用权，所以该种形式的许可版税要低于专有权许可。然而，与专有权许可相比，非专有权许可有两点优势：1）非专有权许可，相对于专有权许可只产生一个收益来源，提供了多个收益来源；2）多个非专有权许可减轻许可人所承受的来自每个被许可人的影响。

5.4　版税（使用费）/Royalties

在说明许可人将要授予被许可人何种权利后——即授权（the grant），接下来许可协议通常要具体说明被许可人将要给予许可人的利益——即版税（royalties）。本书第五章将详细讨论版税问题。

5.5　担保（赔偿）/Warranties（Indemnifications）

担保是由一方做出的一种承诺，保证某些陈述的内容是真实的且将保持其真实性。如果失去诺言，做出承诺的当事方将会承担作为后果而产生的损失。例如，在图书版权许可合同中，被许可人会要求许多保证，包括反对淫秽内容。有些出版社特别要求保证不会因出版该书而造成可能的法律诉讼。在这里版权所有者向出版者保证其有权利和能力签订本合同，并保证作品中不含有任何内容会引起刑事或民事纠纷造成损失，否则因此而给出版者造成的损失、伤害或开支，版权所有者应给予赔偿。

当出现法律诉讼时，任何由一方向另一方做出的口头承诺通常都不会成为有效证据。因此，如果您打算依赖该承诺就将此写进书面合同当中。

提示：

制定合同时，将您旨在依靠的事情变成书面文字。在许可合同中，被许可人一般要求著作权人一方通常以书面形式作出担保，声明作为合同标的物的作品是原创；除合同中指明的人外，任何他人均不能主张其作者身份；未曾授予任何人与依照有关合同转让或许可形式的权利相冲突的任何权利。

5.6　期限与终止/Term and Termination

除非合同的任何一方违反合同规定或终止合同，该合同将在期满时停止。合同的期限（term）可以是一个固定的时间，带有或没有“延期”（extensions）或“续约”（renewals），也可以是持续到某些未来事件发生之时。需要知道的是没有任何许可人会将版权许可延续整个版权保护期。

一般情况下，合同有效期约定为几年，并作出相关续约的规定，主要是付款条件的重新谈判。许可期限不少于签订合同之日起3年，这是比较合理的期限。学术出版社通常将许可仅限于当前版本。如果出版该书新的版本，他们希望重新谈判签订新合同。

通行的版权许可合同一般会规定在什么条件下许可方可以终止（terminate）合同，譬如如果被许可方未能按合同规定日期与方式支付版税，未能按合同规定提供收入报告，出版发行超出合同授权范围，对许可方有欺骗行为等等。如果合同中确有这类条款，被许可方应坚持写入对本方有利的条款，如许可方终止合同需提前通知被许可方，应告知通知方式、提前多少时间通知等等。

5.7　出卖与转让/Assignment and Transfer

许可，就像婚姻，是一种密切的个人关系。多数已婚的人们会因在某个早晨醒来发现睡在身边的是个陌生人而惊愕不已。婚姻背景下的这种行为通常会引起社会的不满，但是，除非许可条款限制或禁止，就许可合同而言，这种情况是合法的。因此，在转让权利时，要考虑在许可中对于权利的转让与责任加以合理的限制。

在实际操作中，一旦许可合同被执行，许可人的作用在很大程度上就变得非常被动。正是被许可人在使用被许可的财产权利并负责支付随后发生的版税。一个不可靠的被许可人可能因未认真地履行合同或经营不善带来不可挽回的损失。选择一方成为您的被许可人时应小心谨慎，别让陌生人占据了那个位置。例如，在以联合出版的形式所签订的翻译版权许可合同中，可在权利转让条款中说明：未得到版权所有人书面同意之前，出版者不得将所获得的版权许可转让或惠及他人，也不能以出版者以外的任何名义出版该翻译本。

5.8 其他/Miscellaneous Terms

在合同的最后，通常出现一些被看作固定语言的杂项，他们是相对标准的条款。许多人到此点就不再阅读了，认为余下的内容不具有真正的意义。请记住，千万不要这样做，因为该项条款或许涉及“最惠国待遇”、法律的选择、仲裁和“不得放弃”（non-waiver）等条款。

“最惠国待遇”条款是一种要求，要求许可合同的条款内容和条件至少给予被许可人同以前或今后给予其他被许可人一样的优惠。在将来，如果更多的优惠授予另外被许可人，那么同样地条件也必须提供给该被许可人。在某些情况下，更多的有力条款必须是据有溯及力的。如此条款的存在可能会严重地限制许可人将来与可能合作的被许可人谈判的灵活性。因此，不应该轻易接受这种要求，因为，它往往导致日后的法律诉讼。

多数合同都包括一项明确适用的法律条款。尽管从技术上讲许可合同通常是依照许可方国家的立法操作，但是，当不熟悉这个国家的法律时，有些出版社可能就不接受这样的做法。例如，美国许多图书出版社坚持所有合同都以该公司所在州的法律为依据。一个折衷的做法也许是该合同已被传唤方所在国家的法律为依据。

为了努力寻求一种相对快捷和经济的方法解决可能出现的争议，双方可以协商将此争议提交给具有效力的仲裁机构。

一些国家的出版社可能不愿接受在本国之外进行仲裁。折衷的做法是规定任何仲裁将在中立区域，如斯德哥尔摩，或者依据国际商会的规则进行。

在某些情况下，合同的一方可能选择不执行某项条款，或者另一方忽视违反合同或者不能按合同规定行事的做法。如此的不作为或者漫不经心可能会导致“权利放弃”（a waiver），即在未来不能实施该条款。为了防止此类事件的发生，双方可以在合同中包括一项说明不发生放弃的条款。这样的条款是中立的，不偏向任何一方。无论如何，在确定对方是否有过不作为的先例之前，核查您的合同中是否包括了不得放弃条款。

提示：

由于外国出版机构往往在实力上占优势，持 take-it-or-leave-it 的僵硬态度，所以中方往往只能接受对方提出的条件，以对方的本国法律为适用法律。但中方的版权贸易人员应该了解外国法院在双方没有事先约定的情况下会根据什么原则来决定这一问题。例如美国法院在决定有关版权权属（如版权许可是否有效等）的问题时一般会采用版权产生所在国的法律，而在决定有关版权侵权的问题时，一般采用侵权地所在国的法律。

在解决有关争端的方式问题上，外国出版机构往往会提出由其本国的法院或仲裁机构来审理，但中方则应尽可能争取对方同意由中国贸促会仲裁委员会仲裁解决。如对方不同意，也应争取由国际仲裁机构审理解决。

5.9　签字/Signatures

总　结

许可是一种合同形式。一份合同包括四个要件：要约与承兑、具有民事行为能力的行为人、对价及合法目的。如果许可协议非常不明确，那么，仅有发盘与接受是不足以构成一个合法有效的合同的。因此，谈判双方应确保合同涵盖全部必要条款。

许可知识产权的当事人必须真正拥有该财产，因此有权发放许可证。代表双方执行该许可协议的当事人必须具有承诺权。通常情况下，订立著作权许可使用合同应根据不同的许可内容签订出版权许可使用合同、表演权许可使用合同、编辑权、改编权、翻译权许可使用合同等。许可使用合同包括：许可使用的权利种类；许可使用的权利是专有使用权或者非专有使用权；许可使用的地域范围、期限、付酬标准和办法；违约责任及双方认为需要约定的其他内容。

总之，著作权许可使用合同具有一般民事合同的特点，也有自己独特的特点，这些特点表现在：第一，合同的主体是著作权人和作品的使用者。作品的使用者，如果是法人，一般是要有合法经营权的组织，而如果是公民的话，则使用者具有相应的能力即可，一般不作太多的限制。第二，合同的客体是作品。一般是已经创作完成的作品，是独立于已有作品的作品，不能是抄袭、剽窃他人作品的“作品”，当然约定在一定期限内完成的作品也可以作为合同的客体。第三，许可合同是双务合同。双方对应地享有权利和承担义务。

著作权的许可使用合同是发生在民事主体之间的法律行为，作品的使用与否，用何种方法使用，完全取决于著作权人和使用者的意志和他们的意思统一，之所以用法律的形式来确立著作权许可使用的有关原则、形式和内容，是因为国家为了国家的整体利益和社会的公共利益，有必要承担协调的职能。通过立法可以做到：第一，将著作权人的利益和使用者的经济利益用合同的方式有机的联系在一起，更好地、尽快地使作品得到传播；第二，使作者获得应有的报酬，从而调动作者的创作积极性，许可使用合同是保障作者获得报酬的最简便、最可行的方式；第三，有利于减少著作权的纠纷，许可合同可以明确主体间的权利和义务，明确著作权使用中的许多问题，避免因出现含混不清而导致纠纷的发生，即使发生了纠纷，也有了解决的依据。

第三章 国际版权保护

本章内容提要

- 国际版权保护
- 国际版权的标准
- 中美英版权保护
- 合理使用
- 诉权分配

版权许可是版权贸易的一种主要形式，也是近年来国际图书音像贸易中日益普遍的一种形式。版权贸易的从业人员应该在遵循国际惯例的基础上最大限度地争取与维持本方的合法权益。

1 国际版权保护

从事国际版权贸易，有必要了解国际版权的基本原则。这是因为，目前各国版权法虽有趋同的倾向，但除《伯尔尼公约》（*Berne Convention*）、《罗马公约》（*Rome Convention for the Protection of Performers, Producers of Phonograms and Broadcasting Organizations*）等几个基本国际公约规定了一些基本原则外，尚没有统一的版权法。何况版权许可合同纠纷所涉及的一半是版权法，另一半是合同法，而版权贸易合同方面更不存在统一的国际条约，所以出现纠纷之后，解决争端时还是要适用各国法律。又由于我国对外版权贸易谈判的对方大多是外国大出版公司，它们一般会坚持以本国法律为版权许可合同的适用（准据）法。一旦我方同意适用外国法律，自然就有必要了解外国法律，仅仅了解中国法律显然是不够的。就版权贸易而言，国际版权法中最重要的部分是版权的主体、版权的客体（保护对象）、版权的有效期与版权的保护范围这几个方面。

1.1 版权的主体（subject of copyright）

在美国版权侵权诉讼案件中，原告是否为版权的适当主体，即原告是否具有版权侵权诉讼的起诉资格，往往是双方争论十分激烈的一个问题。这是因为，同中国版权诉讼过程相比，美国法院在受理版权侵权诉讼案件时，对原告的起诉资格要求非常严格。既然这里有不少文章可做，有经验的被告律师当然不会轻易放过，所以它成了“兵家必争之地”。

通常情况下，如美国版权法规定，只有两类人具有版权侵权诉讼的起诉资格：一是版权所有人（本书中简称“版权人”），二是经版权人授予独占许可的被许可方。而且，任何作品的版权归作者所有。所谓作者，是指实际创造作品者，即将一个概念固定为一个有形的表达方式者。这既包括原始作品的作者，又包括以原始作品为基础而创作的演绎作品（derivative works）。一个经常引起争议的问题是，当作品是为某一公司团体所创作时，谁应视为该作品的作者与版权人。在美国，这个问题是通过所谓“职务创作”（work for hire）的原则而解决的。一般来说，如果作品是某一公司团体的雇员在上班时间与职务范围内为该公司团体所创作的，则该作品就属于“职务创作”，而它的“作者”就是该公司团体，而不是参与创作的个人。由于美国不承认所谓精神权利（署名权），所以就报社记者在受雇于报社期间所撰写的文章及拍摄的照片而言，其版权就不属于这些记者，而属于报社。但由于美国报刊的许多文章与照片大多为独立撰稿人所创作，所以除非经过转让，这些作品的版权都属于这些独立撰稿人，而不属于报社。

从版权贸易的角度来说，这意味着，必须假定作者是版权人，而不能仅仅因为外国某一出版公司出版过某一作品，就认为它一定拥有该作品的版权。有必要确定它是如何获得作品的版权的，何时获得作品的版权，以及它目前是否仍拥有版权。一般来说，对方出版社只要不是个人，而是公司法人，就不可能是作品的作者，所以只能通过受让、许可或职务创作三种形式获得版权。另外，如果贸易标的属于电影等需要多人合作才能形成的作品，原告的版权更有可能出现漏洞，或其版权受让链条（chain of title）亦有可能出现间断。这都是版权贸易中需要认真查问检索的。

版权的许可只是版权在有限地域与时间内的有限授权，许可方仍保留许可权限之外的版权，而且，许可是可以逆转的。由于被许可方的某些行为，根据许可合同的规定许可或终止许可（termination）。此外，许可方可以通过合同限制被许可方将转让授权或再许可（sub-license）的权利。

按照美国等一些国家的版权法，非独占许可人本身不具备版权侵权案件的起诉资格（standing），必须通过许可方的加入才能起诉，但独占许可人则具有独立起诉的资格。虽然一般来说，美国联邦民事诉讼程序条例允许拥有实际利益者授权另一方代理起诉，但由于上述规定，这种做法在版权侵权案件中是不允许的。

1.2　版权的客体（object of copyright）

版权保护的是具有原创性（original）的表达方式（expressions），两者缺一不可。换言之，作品的某种成分，如小说中的情节顺序、人物姓名形象等，即使它们具有足够的原创性，只要被认定为属于思想、概念（idea），而不是表达方式，就不能受到版权保护。另一方面，某些作品的成分（如文字描写与摄影）虽然可以归为表达方式，但如果它们缺乏足够的原创性，也同样不受版权保护。

版权保护的客体还可以按版权人享有的权利来划分。这包括复制权与出版发行权、汇编权、改编权与翻译权、演播权等等。按照美国版权法的划分，还有与最初作品创作相关的版权与演绎（derivative）作品的版权之间的区别。如翻译作品的版权就属于演绎作品版权，它是依附在原作品版权或从原作品派生出来的一种版权。如果原作品的版权仍然有效，未经原作品版权人授权许可的翻译作品就是对原作品的侵权，因此也不能受到版权的保护。这就是原作品版权人的演绎权的体现。反之，经过原作品版权人授权许可的翻译作品就可以享受版权的保护。如果有人抄袭该翻译作品的文字表达，该翻译作品的版权人就有权行使版权法为他提供的权利。这一原则也适用于文学作品改编为影视作品的情况，但如果抄袭的是原作而不是翻译作品或电影改编作品，那就只有原作品的版权人才有权利通过版权法来阻止这种侵权行为。与此相比，作品的汇编权就不是一种演绎权。所以将某一作家的某些作品汇编成集，就不需要先征得这些作品本身的版权人的授权许可，而未经他们许可汇编的作品如果被人抄袭，汇编作品的作者也有视其为侵权的权利。

1.3 版权的保护时间与地理范围

中、美、英三国都是《伯尔尼公约》的成员国。根据该公约，凡在任一成员国创作的作品在其他任何一个成员国都受版权法的保护，而且无需在该国申请登记版权。所以在与美国的版权贸易中，不能以某一作品是否在中国登记版权来确定它是否享受中国版权法的保护。当然，无论是在中国还是英、美，登记版权都为版权人行使其合法权利提供了一些程序上的便利。所以，在对外版权出口贸易中，我们应尽可能在该国为作品获得版权登记。而在进口版权时，我们应尽可能为作品在中国获得版权登记。

《伯尔尼公约》规定，各成员国提供的版权保护期限（duration）不得少于作者有生之年外加 50 年。这也是中国版权法所规定的保护期限。英国相关法律所规定的保护期为 70 年。相比之下，美国版权法所规定的保护期限就要复杂得多。在 1976 年通过新版权法之前，保护期限为 28 年外加 28 年续展期，共 56 年，从作品出版日期或手稿登记日期开始。如未能按规定程序在一定时间内完成续展手续，则仅为 28 年。1976 年通过，并于 1978 年 1 月 1 日生效的新版权法则规定，对 1978 年

1 月 1 日后创作的作品来说，版权保护期限为作者有生之年外加 70 年，但对于 1978 年 1 月 1 日前的作品来说，保护期限为 28 年外加 67 年续展期，共 95 年。

但这里的一个复杂因素是，对于 1978 年之前获得版权的作品来说，其保护期限的长短还取决于该作品在 1977 年 12 月 31 日是否已经获得续展，还是仍处于头 28 年的第一期。对于 1950 年之前获得版权，并在 1978 年之前已获得续展的作品，其保护期为 95 年，从该作品最初获得版权之年的年底开始算起。

对于 1950 年 1 月 1 日与 1963 年 12 月 31 日之间获得版权的作品，由于它们在 1978 年 1 月 1 日仍处于第一个 28 年保护期，不可能获得续展，所以必须在法律规定的时间内申请续展，才能获得 67 年的续展保护，否则即在第一个 28 年保护期结束时（即使这时已是 1978 年之后）永远失去版权保护，进入公有领域。

对于 1964 年 1 月 1 日与 1977 年 12 月 31 日之间获得版权的作品，则不需要申请续展即可以自动获得 67 年的续展，即享有 95 年的保护期。

另一个值得注意的问题是：就前面所提到的所谓“职务创作作品”（work created in the course of employment）（如报社记者在受雇于报社期间所撰写的文章及拍摄的照片）而言，因“作者的有生之年”这一概念不适用，如果是 1978 年 1 月 1 日后创作的，其版权保护期限为最初发表日期开始算起的 95 年，或创作日期开始算起的 120 年，以先终止日期为准；如果是 1978 年 1 月 1 日之前创作的，其版权保护期限为最初发表日期开始算起的 75 年，或创作日期开始算起的 100 年，以先终止日期为准。

法理渊源的不同优势在版权和作者权立法方面会有所体现，但是不同的法理却很少反映出不同的实践效果。如今，无论是普通法系国家还是大陆法系国家，都像保护文学作品一样保护计算机程序。同时，对于录音和广播类的表演作品是否享有全部权利，或者这类作品在邻接权方面是否应受限制的问题上，许多不同法系的国家却做出了相似的回答。

不同国家就权利转让往往做出不同规定，与普通法系国家相比，大陆法系国家版权的自由转让显得更加广泛。

2　国际版权的标准①

国际版权实体标准演变的总趋势，是在保护对象和专有权利内容两方面不断提高保护的最低标准。与此同时，保护模式也变得多样化。目前已经形成了版权和邻接权保护标准体系，该体系是一个由若干国际公约或协议构成的有机整体，其中包含的版权公约有：《伯尔尼公约》、《世界版权公约》和《世界知识产权组织（WIPO）版权条约》；邻接权公约或协议有：《罗马公约》、《日内瓦录音制品公约》、《布鲁塞尔卫星公约》和《世界知识产权组织（WIPO）表演和录音制品条约》。另外，《世界贸易组织协定》中《与贸易有关的知识产权协议》（《TRIPs 协议》）关于实体和程序的规定对版权和邻接权的保护也有一定影响。

国际版权标准的不断演变，在一定程度上使得在某一具体案例中确定权利的具体内容变得非常复杂。原因之一是，目前的版权和邻接权标准不是一成不变的，一些国家致力于追踪最新的协议标准，而另一些国家却仍然固守旧协议文本中的低水平保护标准。另外一个重要原因与一个国家版权保护的历史密切相关，因为对版权保护的争论往往开始于一个国家对外版权交往的早期，而这时的保护标准通常较低，因此在这种情况下，一定不能忽视版权保护的历史与一国版权保护标准演变历史的联系。

总的来说，就版权和邻接权保护而言，体制标准变化较小，实体标准变化较多。各种双边地区和多边协议一直是规范版权和邻接权保护秩序的主要手段。属地原则、国民待遇原则、选择适用法律原则为各类协议决定司法管辖和法律事业提供了机制标准。虽然直到《TRIPs 协议》

---

① 保罗·戈尔斯坦著，王文娟译. 国际版权原则、法律与惯例［M］，2002：14－16.

才将版权和贸易的关系作为其主要内容加以规范，但是版权与贸易的联系却可以上溯到19世纪中叶。另一方面，一国做出的是否与另一国发展版权关系的决定，在其初始阶段完全是一项贸易决定。

2.1　版权条约

版权或邻接权国际协议是否可以赋予权利人某项为法院认可的个人权利，以及国际协议关于个人权利的规定是否必须依靠成员国为实施协议而进行的国内立法才能得以实现的问题，主要取决于有关国际协议的性质和保护国的宪法传统。多数国家（包括许多遵循大陆传统的国家）都将国际协议视为不需补充立法即可生效的法律文件，是司法主体取得权利的直接法律依据之一。与此相反，遵循英国和斯堪的纳维亚宪法传统的国家认为，国际协议是不能自动生效的，为实施国际协议而制定的国内立法才是司法主体依据。举例说明上述区别的意义，对于一个世界范围内某作品权利的所有人来讲，如果其作品在大陆法系国家立法（如意大利）未经授权而遭到违反适用，《伯尔尼公约》和相关的国家立法可以同时得到适用。如果上述情况发生在具有英国法律传统的加拿大的话，该所有人所享有的权利就只能适用加拿大《版权法》的规定。

国际版权条约包括以下形式：

2.2　双边版权条约

为国外作品提供保护不仅体现了版权出口国出版商的利益，同时也保证了版权进口国出版商的利益，尤其是在法律规定保护在当地出版的出版物的版权时，这一点就表现得更为突出。多数19世纪前的双边版权协议都包括了双边互惠的内容，互惠的形式主要有两种：一种为实体性的双边互惠，即如果B国对源自A国的作品提供版权保护，A国即对B国的作品提供同等条件的版权保护。另一种互惠形式为国民待遇，即如果B国为源自A国的作品提供与本国作品同等条件的保护的话，A国即对源自B国的作品提供对等保护。

双边协议最重要的原则是国民待遇原则，也就是说外国作品要取得保护必须符合美国版权法规定的一系列形式要件，包括附属版权公告、样书的登记和缴存以及修订，而这些要件是其他外国法所没有规定的。双边协议虽然为文学和艺术作品版权保护的国际标准提供了一种模式，但总体来讲其作品还是有限的。

2.3 多边版权条约

2.3.1 《保护文学艺术作品伯尔尼公约》简称《伯尔尼公约》(*Berne Convention for the Protection of Literary and Artistic Works*)

1886 年 9 月 9 日在瑞士伯尔尼签订，为最早产生的国际版权公约。《公约》由联合国专门机构——世界知识产权组织（总部设在日内瓦）管理。

现行的《公约》的核心是规定了每个缔约国都应自动保护在伯尔尼联盟所属的其他各国中首先出版的作品和保护其作者是上述其他各国的公民或居民的未出版的作品。联盟各国必须保证使属于其他成员国国民的作者享受该国的法律给予其本国国民的权利。如果作者最初是在一个伯尔尼联盟成员国内出版，但其作者是非联盟成员国的国民，该成员国对这一作品的保护可以只限于作者系其国民的国家对这种作品给予保护的程度。

《公约》从结构上分正文和附件两部分，从内容上分实质性条款和组织管理性条款两部分。正文共 38 条，其中前 21 条和附件为实质性条款，正文后 17 条为组织管理性条款。该公约的规定比较具体、详细，规定作品享有版权不依赖于任何手续（如注册登记、缴纳样本等），保护期也比较长。

《公约》附件为关于发展中国家的特别条款，它规定，发展中国家出于教育和科学研究的需要，可以在《公约》规定的限制范围内，按照《公约》规定的程序，发放翻译或复制有版权作品的强制许可证。

这是在1971年修订《公约》时因发展中国家强烈要求而增加的。

《公约》自生效以来曾进行过7次补充和修订。1971年，对《伯尔尼公约》进行了第五次修订。修订后的《伯尔尼公约》的实体条文没有原则上的变动，它的实质性条文则是绝大多数成员国已经批准了的。

2.3.2 《世界版权公约》(*Universal Copyright Convention*)

1947年由联合国教育、科学及文化组织主持准备，1952年在日内瓦缔结，1955年生效。1971年在巴黎修订过一次。

《公约》所定的保护水平，反映在它对成员国国内法的最低要求上。《公约》由7条实体条文与14条行政条文组成。它的实体条文不像《伯尔尼公约》规定得那么具体，而是比较笼统。但是，《公约》不允许参加它的国家作任何保留。

该公约保护的作品版权主要包括文学、艺术和学术三个方面。并且根据修正文本第一条设立的政府间委员会，研究有关版权的国际保护与合作。

《世界版权公约》是继《伯尔尼公约》后又一个国际性的著作权公约。1952年9月缔约国在日内瓦签订，1971年7月在巴黎修订。全文共21条及两个附件。

2.3.3 《世界知识产权组织版权条约》(*World Intellectual Property Organization Copyright Treaty*, *WCT*)

简称《WIPO版权条约》，是1996年12月20日在由世界知识产权组织主持，由120多个国家代表参加的外交会议上缔结的，主要为解决国际互联网络环境下应用数字技术而产生的版权保护新问题，于2002年3月6日生效。截止2004年12月31日，《WIPO版权条约》的缔约方总数为50个国家；截至2006年5月30日，已有59个国家批准或加入了《WIPO版权条约》；截至2006年10月13日，加入《WIPO版权条约》的国家已达60个。

《WIPO版权条约》由25条组成，第1～14条系实体条款，15～25

条系行政管理条款。此外还附有“议定声明”9条，对条约中一些可能发生歧义的问题作了进一步的解释。《WIPO版权条约》第1条规定，该条约是《伯尔尼公约》第20条意义下的专门协定，缔约各方应适用于《保护文学和艺术作品伯尔尼公约》的实体条款。其中，除了第2条有关版权保护范围、第4条计算机程序保护、第5条数据汇编（数据库）的保护以及第10条有关限制与例外之外，基本与世界贸易组织的《与贸易有关的知识产权协定》规定相一致。

2006年12月29日，十届全国人大常委会第二十五次会议审议并做出加入《世界知识产权组织版权条约》的决定。2007年3月6日，中国政府向世界知识产权组织正式递交加入书。2007年6月9日《世界知识产权组织版权条约》在我国正式生效。

《WIPO版权条约》是对《伯尔尼公约》、《与贸易有关的知识产权协定》的发展与补充。

双边协议以双边协商为基础，往往基于互惠等条件。这种协议不能规定广泛的国际权利与义务，在版权国际保护方面功能有限。20世纪80年代以来，在贸易全球化背景下，知识产权被纳入到国际贸易制度的体系中。

2.4 地区性版权条约

2.4.1 美洲版权条约

美洲多数国家倾向于多边协议解决地区版权问题。20世纪开始的几十年间，多数的美洲国家拒绝参加伯尔尼联盟。美洲地区第一个版权条约是1889年的《蒙得维的亚条约》（*Monte Video Treaty*）。该条约规定缔约国应按照作品来源国的法律对作品进行保护。与以后形成的许多美洲版权条约不同，《蒙得维的亚条约》是对美洲以外的国家开发的。在它之后形成的条约包括：1911年的《加拉加斯公约》（*Caracas Convention*）、1908年中美洲国家《华盛顿条约》（*Washington Treaty*）以及 1902 年以后效仿《伯尔尼公约》而形成的一系列泛美公约。第三个泛美公约于 1910 年签订，是参加国家最多的美洲版权公约。1946 年在华盛顿订立有一个泛美版权公约。

《世界版权公约》是第一个成功地在美洲国家和世界其他国家间确立版权关系的公约。目前《世界版权公约》、《伯尔尼公约》和《TRIPs 协议》实际上已经取代了泛美或其他美洲公约形成的绝大多数版权关系。但是版权保护的真空依然存在，因此仍有必要运用上述公约体系，以确定来源于美洲某国的作品或在美洲国家印刷完成的作品是否已经受到了保护，保护程度如何。就有关国家在加入《世界版权公约》、《伯尔尼公约》或《TRIPs 协议》前出版或创造的作品而言，其所应享有的权利范围应由有关的美洲地区条约决定。

2.4.2 欧盟（The European Union）

对成员版权和邻接权的保护立法构成影响的欧盟指令有：1991 年《计算机程序法律保护指令》、1992 年《出租和租赁权及知识产权范围内若干与版权相关的其他权利规定的指令》、1993 年《调整卫星广播和有线传播中若干版权与版权相关的其他权利规定的指令》、1993 年《协调各国版权保护期和其他权利的指令》和 1996 年《数据库保护法律指令》。

由于所有的欧盟国家同时都是伯尔尼联盟的成员国，因此欧盟本身的版权保护规定可以要求成员国提供高于《伯尔尼公约》规定标准的版权保护。

2.5 邻接权条约

2.5.1 《保护表演者、录音制品制作者和广播组织的国际公约》（*Rome Convention for the Protection of Performers, Producers of Phonograms and Broadcasting Organizations*）

1961 年 10 月 26 日，由国际劳工组织与世界知识产权组织及联合国教育、科学及文化组织共同发起，在罗马缔结了本公约。公约于 1964 年 5 月 18 日生效，简称《罗马公约》。

2.5.2 《保护录音制品制作者防止未经许可复制其录音制品公约》(*Convention for the Protection of Producers of Phonograms Against Unauthorized Duplication of Their Phonograms*)

该公约于 1971 年缔结。该公约规定每一个缔约国均必须保护另一缔约国国民的录音制品制作者，禁止未经制作者许可进行复制，禁止进口该复制品（只要该复制或进口是用于向公众销售），并禁止向公众经销这种复制品。

2.5.3 《世界知识产权组织表演和录音制品条约》(*WIPO Performances and Phonograms Treaty*, *WPPT*)

1996 年 12 月 20 日，世界知识产权组织在日内瓦召开关于版权和邻接权若干问题外交会议。会议通过了《世界知识产权组织表演和录音制品条约》。此条约由序言和 33 条正文组成，目的是为了在数字领域，特别是互联网领域更好地保护表演者和录音制品制作者的权利。该条约首次对表演者的“精神权利”给予承认。条约规定，表演者的精神权利与表演者的经济权利是独立的，即使在表演者的经济权利转让之后，表演者对其现场表演或以唱片录制的表演仍有权要求指出他本人是表演者，并有权反对任何对其表演进行的歪曲、篡改或其他修改。2002 年 5 月 20 日，该条约生效。

2.5.4 《关于播送由人造卫星传播载有节目信号的公约》(*Convention Relating to the Distribution of Programme-Carrying Signals Transmitted by Satellite*)

1974 年 5 月 21 日在布鲁塞尔签订。该公约对“信号”、“发射信号”、“接收信号”所进行的定义已经将保护的范围从未经授权的非法拦截或播送信号的行为，扩大到了信号上送到卫星的行为、信号在卫星中存储的希望和卫星向下传输信号的行为。

现有有关邻接权的国际条约在许多方面存有差异。业已研究过的有关国际公约的主要特点可以归纳为以下几点：

《罗马公约》在邻接权方面（受益人）是最完善的公约。受它保护的对象是表演者、录音制品制作者和广播组织。《罗马公约》在提供保护理念和实行国民待遇原则方面是一个最先进的国际条约，因为只有《罗马公约》实行了严格意义上的国民待遇原则，而其他公约将国民待遇原则的实施限制在它们所特许的权利内。由于《罗马公约》的初版诞生于1961年，至今还没有作过任何修改，而且《罗马公约》也是第一个有关邻接权的国际多边公约，因此，与其他国际公约相比，其基本条款（最低权利）的某些方面显得“不发达”。首先，它没有授予表演者专有权，而只规定了“防止可能发生的情况”。其次，它授予表演者的复制权也被限制在他们与录音制品制作者签订的合同条款内。同样，它授予表演者的固定权和复制权也被限制在他们与广播组织签订的合同条款内。再次，《罗马公约》既没有授予表演者和录音制品制作者独立的发行权，也没有授予他们出租权。在在线传播已经固定的表演和录音制品方面，对它们的评估也因作者观点的不同而有差异。如果认为这样的在线传播是向公众广播或播放，而不是对其进行复制，那么，《罗马公约》就不为表演者或录音制品制作者提供任何保护。最后，《罗马公约》不承认表演者的精神权利。

世界贸易组织协定中《与贸易有关的知识产权协议》明文规定，为表演者、录音制品制作者和广播组织提供保护，但对广播组织的保护不是强制性的。该公约也承认国民待遇原则，但将其限制在公约授予的特别权利中。在传统使用权（固定、复制、广播、向公众播放）范围内，受限制的行为基本上是相同的，只是在细微之处有所差别。《罗马公约》规定的条件、限制、例外和保留等条款在细节上作必要修改后还是适用的。《与贸易有关的知识产权协议》既没有授予独立发行权，也没有授予向公众提供权。另外，《与贸易有关的知识产权协议》根本没有提到商业性二次使用录音制品的合理报酬权问题。

然而，《与贸易有关的知识产权协议》对邻接权的保护有了不可忽视的改进。首先，它提到了建立在世界贸易组织框架内的新的保护概念。这种新的提法产生的结果是，它将导致在世界范围内事实上或多或少地接受《罗马公约》的条款。这种国际保护知识产权新概念的特点是有一套解决纠纷的特别体系。在这方面，有必要提一下《与贸易有关的知识产权协议》规定的追溯效力。另外，它规定了一系列关于行使知识产权的条款。该协议最根本的改进是，除把邻接权的保护期由 20 年延长至 50 年外，必须指出它将出租权授予了录音制品制作者和表演者。

《世界知识产权组织表演和录音制品条约》只向表演者和录音制品制作者提供保护，而不向广播组织提供保护。但是，就该条约授予的物质权利的性质和内容而言，它的规定超过了《罗马公约》和《与贸易有关的知识产权协议》。与《罗马公约》和《与贸易有关的知识产权协议》不同的是，它也将专有权授予了表演者。另外，它还规定了独立发行权，部分吸收了《日内瓦录音制品公约》补充的基本条款。最后一点，并非是不重要的一点，在制定向公众提供权的条款时，它已考虑到了数字化新技术。尽管条约规定了商业性二次使用录音制品的合理报酬权，但是这项权利在《世界知识产权组织表演和录音制品条约》中不是强制性的。该条约还采纳了《与贸易有关的知识产权协议》的规定，将保护期延长至 50 年，因此，此项规定不是《世界知识产权组织表演和录音制品条约》的真正创新。该条约的创新是，规定的限制和例外应该与受版权保护作品的性质完全相同，同时，它将“三步试验法”也引入了邻接权。另一个创新是，在收益权方面，《世界知识产权组织表演和录音制品条约》规定不必办理手续。如果说《世界知识产权组织表演和录音制品条约》只是在第 15 条规定的商业性二次使用录音制品时才规定保留，这不是真正的进步。因为有关附加标准的保留依然维持，同时《罗马公约》第 16 条的重要保留也集中在这种合理报酬权上。但是，按照《世界知识产权组织表演和录音制品条约》的规定，国内法不能对期限和条件作出规定。

《世界知识产权组织表演和录音制品条约》依照《与贸易有关的知识产权协议》的模式，也规定了“追溯效力”。然而，在权利实施规则方面，《世界知识产权组织表演和录音制品条约》与《与贸易有关的知识产权协议》有所不同，它没有作出明确规定，但有一条关于承认权利的基本规定。最后，在邻接权方面，《世界知识产权组织表演和录音制品条约》也引入了关于技术手段和权利管理信息的义务。

2.6　版权贸易协定

2.6.1　《北美自由贸易协定》(*North America Free Trade Agreement*)

1989 年，美国和加拿大两国签署了《美加自由贸易协定》。1991 年 2 月 5 日，美、加、墨三国总统同时宣布，三国政府代表从同年 6 月开始就一项三边自由贸易协定正式展开谈判。经过 14 个月的谈判，1992 年 8 月 12 日，美国、加拿大及墨西哥三国签署了一项三边自由贸易协定——《北美自由贸易协定》。1994 年 1 月 1 日，该协定正式生效。协定决定自生效之日起在 15 年内逐步消除贸易壁垒、实施商品和劳务的自由流通，以形成一个拥有 3.6 亿消费者，每年国民生产总值超过 6 万亿美元的世界最大的自由贸易集团。

该协定的总则规定，除墨西哥的石油业、加拿大的文化产业以及美国的航空与无线电通讯外，取消绝大多数产业部门的投资限制。对白领工人的流动将予放宽，但移民仍将受到限制。任何一成员国在 6 个月前通知其他成员国后，即可脱离该协定；协定还允许接纳附加成员国。总则还规定各成员国政府的采购将在 10 年内实现全面开放，由于墨西哥为本国的公司保留了一些合同，因此，该协定将对墨西哥产生主要影响。此外，协定还规定由执行协定而产生的争执，将交付由独立仲裁员组成的专门小组解决；如果大量进口损害一国国内的工业，将允许该国重新征收一定的关税。在产业方面，该协定规定，美墨之间大部分农产品的关税将立即取消，其余6%的产品包括玉米、糖、某些水果和蔬菜的关税，将在15年后全部取消，进口配额在10年内消除。对于加拿大，现有的与美国签定的协议全部适用，汽车工业10年后将取消关税，美加在1998年之前取消相互间的全部关税。在能源方面，墨西哥方面对私营部门进行勘探的限制继续有效，但国营石油公司的采购将向美国与加拿大开放。在金融服务方面，墨西哥将逐步对美国与加拿大投资开放其金融部门，最终到2007年取消壁垒。关于纺织品，协定将用10年时间取消美、墨、加之间的关税，在北美地区的纺织品制成的服装可免于征税。到2000年，北美地区的卡车可行驶到三个国家中的任何地区。该协定还对环境、劳工等问题制定了附加协定。根据协定，美国与墨西哥将建立一个北美开发银行以帮助美国边境的财务税收获利。同时，美国将需要在协定生效后最初的18个月中花费9千万美元重新培训因协议而失业的工人。

1993年5~6月，加拿大国会通过了该协定。同年11月，美国、墨西哥国会通过了该协定。同年12月，美国总统签署该协定，使之正式成为美国法律。由签署《北美自由贸易协定》而产生的北美自由贸易区大大简化了三国间在进出口贸易和投资上的有关手续，推动了地区贸易和经济发展。

从1994年12月起，美、加、墨、智4国领导人决定开始就智利加入北美自由贸易协定的进行谈判。1996年11月18日，加拿大和智利在渥太华正式签署了两国自由贸易协定。协定从1997年6月2日起正式实施。该协定将成为智利最终加入《北美自由贸易协定》的桥梁。从1996年8月起，洪都拉斯、危地马拉和萨尔瓦多三国也开始了通过墨西哥加入北美自由贸易协定的谈判。

2.6.2 《TRIPs 协议》

《TRIPs协议》是对《与贸易有关的知识产权协议》的简称。TRIPs的宗旨是：期望减少国际贸易中的扭曲和障碍，促进对知识产权充分、有效的保护同时保证知识产权的执法措施与程序不至于变成合法的障碍。

《TRIPs 协议》涉及的知识产权共有以下八个方面：著作权及其相关权利、商标、地理标记、工业品外观设计、专利、集成电路布图设计、对未公开信息的保护权和对许可合同中限制竞争行为的控制。同时，对上述知识产权的可获得性、范围及行使标准、施行、获得与维持程序、纠纷的预防及解决等，协议中均作了详细规定，已超出任何现有的知识产权国际公约，将使知识产权问题与贸易问题密不可分。

《TRIPs 协议》完全肯定并要求全体成员必须遵守并执行 4 个国际公约，即《保护工业产权巴黎公约》、《保护文学艺术作品伯尔尼公约》、《保护表演者、录音制品制作者与广播组织公约》和《关于集成电路知识产权条约》。《TRIPs 协议》保护以下知识产权：版权和相关权利（相关权利包括：表演者、录音制品［唱片］制作者、广播组织的权利等）、商标权（包括服务标记）、地理标识权、工业设计权、专利权、集成电路布图设计（拓扑图）权、未披露信息（包括商业秘密、已保密的实验数据）权、植物新品种权及其他。

《与贸易有关的知识产权协议》不适用《罗马公约》的物质待遇条款，同样，它也不适用于《伯尔尼公约》的实质性条款（《与贸易有关的知识产权协议》第 9 条第 1 款）。尽管如此，它仍然采纳了《罗马公约》大部分实质性条款，而且还增加了一些补充规定（“罗马附录”）。关于这一点，我们应特别提一下《与贸易有关的知识产权协议》关于对表演者和录音制品制作者的保护期限以及追溯效力的规定。《与贸易有关的知识产权协议》尽管没有采用《罗马公约》那条实质性条款，但是它采纳了《罗马公约》附加条件，并以《罗马公约》的存在作为邻接权国际保护的基点。另外，《与贸易有关的知识产权协议》第 2 条第 2 款强调指出，本协议第一至第四部分的所有规定，均不损害成员之间已经承担的义务，特别是依照《罗马公约》承担的义务。然而，根据《与贸易有关的知识产权协议》的概念，其成员国则不一定必须加入《罗马公约》。

《与贸易有关的知识产权协议》没有明确提到其他有关邻接权的国际公约，特别是没有提到日内瓦录音制品公约。但这并不影响日内瓦制品公约，因为日内瓦录音制品公约提供的保护范围大于《罗马公约》和《与贸易有关的知识产权协议》。成员国可以在其国内法中规定宽于《与贸易有关的知识产权协议》所要求的保护（第1条第1款），然而这种做法不是强制性的，而且只有当各公约规定之间发生矛盾时，才采用适用最新法律的原则。[①]

表 3.1

国际版权保护			
	《伯尔尼公约》(1886)	《罗马公约》(1961)	《世界版权公约》(1952)
保护	针对作者对其文学艺术作品权利的保护，在一个成员国给予所有人的权利等同于其他成员国所给予的。	这一公约为表演者、录音制作者和广播电视组织提供了国家保护。	这一公约采用了“©”符号，这是在仅参加《世界版权公约》的国家申请版权保护的要求。

3　中、美、英三国的版权保护

表 3.2

中、美、英三国的版权保护			
	中国版权法	《美国版权法》	《英国1988版权、外观设计和专利法案》
期限	**文学、艺术、戏剧和音乐作品**：作者终生及其死亡后50年，截止于作者死亡后第50年的12月31日。(《中华人民共和国著作权法》第21条、	**文学、艺术、戏剧和音乐等作品**：在1976年通过新版权法之前，保护期限为28年外加28年续展期，共56年，从作品出版	**文学、艺术、戏剧和音乐作品**：自作者死亡之日年底起算70年（第12条第〈2〉款）；**计算机生成**

① Goldstein Paul. *International Copyright: Principles, Law and Practice* [M]. Oxford: New York Oxford University Press, 2001.

中、美、英三国的版权保护			
	中国版权法	《美国版权法》	《英国1988版权、外观设计和专利法案》
	第39条、第45条)；**版式设计：**保护期为10年，截止于使用该版式设计的图书、期刊首次出版后第10年的12月31日。(同上，第36条)；**录音录像：**保护期为50年，截止于该制品首次出版后第50年的12月31日。(同上，第42条)；**软件版权：**自软件开发完成之日起产生。保护期为自然人终生及其死亡后50年，截止于自然人死亡后第50年的12月31日(《计算机软件保护条例》，第14条)。	日期或手稿登记日期开始。如未能按规定程序在一定时间内完成续展手续，则仅为28年。1976年通过，1978年1月1日生效的新版权法则规定，对1978年1月1日后创作的作品来说，版权保护期限为作者有生之年外加70年，但对于1978年1月1日前的作品来说，保护期限为28年外加67年续展期，共95年。	**的主要作品：**作品完成之日年底起算50年(第12条第〈7〉款)；**录音：**版权自其完成年份年底起算持续50年；或如果它在这段时间发行，那么到发行后50年届满(第13A条第〈2〉款)；**版式设计：**自第一次出版年份起持续25年(第15条)。
注册要求	自愿登记制度	任意注册	无需注册
版权标记	无要求	符号©(字母环绕的字母C)；版权所有人的姓名；作品首次出版年份	符号©(字母环绕的字母C)；版权所有人的姓名；作品首次出版年份
版权侵权责任	可追究民事或刑事责任	可追究民事或刑事责任	可追究民事或刑事责任

4 合理使用(fair use)

在现代各国版权法中，合理使用制度已被普遍采用，以此作为对版权的一种必要限制。多数版权国际公约亦对此作了明确规定，从而使这一规则成为国际准则。《伯尔尼公约》对合理使用作了总的限定，即允许以合理的目的使用他人作品，但“必须符合公平惯例”；《罗马公约》则列举了合理利用他人有邻接权的表演、录音制品及广播的四种情形；

《日内瓦公约》鉴于有的成员国使用反不当竞争法保护录制者权，因而未明确规定“合理使用”，但并不禁止其成员国采用这一制度。

4.1 《中华人民共和国著作权法》

第二十二条规定 在下列情况下使用作品，可以不经版权人许可，不向其支付报酬，但应当指明作者姓名、作品名称，并且不得侵犯版权人依照本法享有的其他权利：

（一）为个人学习、研究或者欣赏，使用他人已经发表的作品；

（二）为介绍、评论某一作品或者说明某一问题，在作品中适当引用他人已经发表的作品；

（三）为报道时事新闻，在报纸、期刊、广播电台、电视台等媒体中不可避免地再现或者引用已经发表的作品；

（四）报纸、期刊、广播电台、电视台等媒体刊登或者播放其他报纸、期刊、广播电台、电视台等媒体已经发表的关于政治、经济、宗教问题的时事性文章，但作者声明不许刊登、播放的除外；

（五）报纸、期刊、广播电台、电视台等媒体刊登或者播放在公众集会上发表的讲话，但作者声明不许刊登、播放的除外；

（六）为学校课堂教学或者科学研究，翻译或者少量复制已经发表的作品，供教学或者科研人员使用，但不得出版发行；

（七）国家机关为执行公务在合理范围内使用已经发表的作品；

（八）图书馆、档案馆、纪念馆、博物馆、美术馆等为陈列或者保存版本的需要，复制本馆收藏的作品；

（九）免费表演已经发表的作品，该表演未向公众收取费用，也未向表演者支付报酬；

（十）对设置或者陈列在室外公共场所的艺术作品进行临摹、绘画、摄影、录像；

（十一）将中国公民、法人或者其他组织已经发表的以汉语言文字创作的作品翻译成少数民族语言文字作品在国内出版发行；

（十二）将已经发表的作品改成盲文出版。

前款规定适用于对出版者、表演者、录音录像制作者、广播电台、电视台的权利的限制。

第二十三条　为实施九年制义务教育和国家教育规划而编写出版教科书，除作者事先声明不许使用的外，可以不经版权人许可，在教科书中汇编已经发表的作品片段或者短小的文字作品、音乐作品或者单幅的美术作品、摄影作品，但应当按照规定支付报酬，指明作者姓名、作品名称，并且不得侵犯版权人依照本法享有的其他权利。

前款规定适用于对出版者、表演者、录音录像制作者、广播电台、电视台的权利的限制。

4.2　《美国版权法》

《美国版权法》第 107 条规定了判断某一行为是否构成合理使用（fair use）的 4 条标准：为了批评、评论、新闻报道、教学（包括用于课堂的多件复制品）、学术或研究之目的而使用版权作品的，包括制作复制品、录音制品或以该条规定的其他方法使用作品系合理使用，不视为侵犯版权的行为。任何特定案件中判断对作品的使用是否属于合理使用时，应予考虑的因素包括：

1）该使用的目的与特性，包括该使用是否具有商业性质，或是为了非营利的教学目的；

2）该版权作品的性质；

3）所使用的部分的质量与版权作品作为一个整体的关系；

4）该使用对版权作品之潜在市场或价值所产生的影响。

作品未曾发表这一事实本身不应妨碍对合理使用的认定，如果该认定系考虑到上述所有因素而做出的。

4.3　《英国 1988 版权、外观设计和专利法案》（CDPA，1988）

该法案从第 29 条至第 70 条分别对合理使用（fair dealing）做了具

体、明确的解释。归纳起来下列范围属于合理使用之列：作为更早素材的指南、新闻报道、品评或评论、私人研究和学习、其他被许可的使用行为以及公共利益。

以英、美两国为代表的英美法系对“合理使用”的范围规定比较严格，把版权看成是私人财产所有权，甚至允许合同对版权进行扩张或限制。例如美国第七巡回上诉法院在ProCD Inc. 诉Zeidenberg 86 F. 3d 1447（7th Cir. 1996）一案中认为扩张版权的许可证（shrink-wrap licenses）是有效的。

5　发生侵权后版权转让和许可使用的诉权分配（distribution of procedural right）

对于版权转让合同而言，侵权发生后权利人主张权利时的诉权分配应以版权转让合同签订的时间为界限，在版权转让合同签订之前发生的侵权，应当由转让人（原版权人）主张权利，在版权转让合同签订之后发生的侵权，则应当由受让人主张权利。

对于版权许可使用合同，由于版权归属并未发生任何变化，而所谓的使用权，其本质是一种合同债权，是相对权，依照一般的民法原理，被许可人不能成为侵权的对象。因此，依传统的观念，版权许可使用合同中的被许可人并非适格的原告。但在司法实践中，被许可人作为原告诉讼的案例很多。

一般认为，当侵权人侵害使用权时，专有许可使用合同中的被许可人可以作为原告。因为在专有许可使用的情况下，被许可人通过支付较高的对价已经取得了限制其他任何人以同样方式使用作品的权利，而第三人以同样方式使用作品的行为，将对被许可人的独占利益造成损失；同时，版权人在授予被许可人专有许可后，其本身也不能以与被许可人同样的方式使用作品，故版权人已经丧失获得经济利益的权利依据，自然也就丧失侵权损害赔偿的诉讼权利，当然作为原始版权人，其尚存在制止侵权的权利依据。

在排他许可使用的情况下，侵权人的侵权行为侵害的是排他许可使用人和原权利人的共同利益。在这种情况下，应当将排他许可使用人和原权利人列为共同原告。

在普通许可使用的情况下，被许可人不应作为适格的原告。因为被许可人仅取得了使用的权利，其无权禁止他人使用，也不因他人的使用而受到损失，因此，被许可人无权单独提起诉讼。

世界各国对许可使用的诉权分配规定不尽相同。《英国1988版权、外观设计和专利法案》第101条规定：“除对抗版权所有人之外，排他被许可人针对许可证颁发后所发生之情事有相当于权利转让一样的权利和救济措施。”第102条规定：“在二者都享有诉讼权而由版权所有人或排他被许可人提起的（全部或部分）涉及版权侵权的诉讼中，如果没有法院的准许，除非有一方合并为共同原告或追加为共同被告，否则版权所有人（或者在某些情况下为排他被许可人）将不得参加诉讼。”可见，在英国，在排他许可使用的情况下，被许可人拥有独立的诉权，当然，排他许可使用人和原权利人也可以作为共同原告起诉。我国对发生侵权后版权转让和许可使用的诉权分配未作规定，从而在司法实践中出现了大量的问题，法院的处理方式也千差万别。比如在专有许可使用被侵权的情况下，被许可人起诉法院受理并最终判决的案例有，原始版权人起诉法院受理并最终判决的案例也有，这就产生了一些问题：被许可人与原始版权人究竟谁才有诉权，被许可人与原始版权人之间的利益应该如何分配等等。

总　结

国际版权保护经过了18世纪的“领土时期”（the territorial period）、19世纪的“国际时期”（the international period）、20世纪末开始的“全球时期”（the global period）三个重要阶段。在19世纪，“国际保护”不仅缓慢而且效率低下。1994年的乌拉圭回合多边贸易谈判的最后文件中包括了《与贸易有关的知识产权协定》（以下简称

TRIPs）。TRIPs 将知识产权与国际多边贸易、已有的重要的国际知识产权条约联系起来，采用 WTO 的一般原则，包括国民待遇、最惠国待遇原则和争端解决机制来解决知识产权问题。全球化是 TRIPs 达成后国际版权保护的主要趋势。

在促进版权国际保护方面，世界知识产权组织的成立具有重要意义。它作为联合国的正式机构在版权保护方面具有国际承认的权威性。它通过国与国之间的合作，并在适当情况下与其他国际组织协作，促进全世界对知识产权的保护；保证各知识产权联盟之间的行政合作，主要是版权联盟与其他知识产权联盟的合作；鼓励缔结新的国际条约和各国立法的现代化；给予发展中国家技术援助，搜集并传播情报，促进成员国之间的行政合作。目前，WIPO 管理《伯尔尼公约》、《日内瓦公约》、《布鲁塞尔公约》等多个国际知识产权条约，并与联合国教科文组织、国际劳工组织共同管理《罗马公约》。

在版权手续上，英美法系在历史上多主张“有手续主义”，即作品创作完成后须到指定机关登记或办理其他手续（如标上符号）才算获得版权。在专有权内容上，英美法系以财产权利为核心，重点保护“复制权”。美国版权法只规定了复制、改编、发行、演出、展览 5 种经济权利。除少数美术作品外，不保护精神权利。在保护期限上，英美法系相对大陆法系来说要短一些。大陆法系国家几乎都实行“无手续主义”，作品创作完成便自动享有著作权，无须登记、缴纳样本或给出版权标记。在精神权利保护上，大陆法系承认精神权利中的主要内容，例如署名权、发表权、保护作品完整性权等等。在专有权利内容上，大陆法系认为著作权是一种“天赋人权”，从理论上讲是绝对的、不可限制的。

TRIPs 采用“最低标准”的国际法原理逐步协调国际标准。版权保护标准的统一对两大法系的协调具有重要意义。TRIPs 和 TRIPs 之后创立的国际版权规范成为事实上的国际标准。在 TRIPs 和 TRIPs 之后创立的版权国际规范是国际社会成员长期磋商的结果，具有国际统一的特点。在 TRIPs 之后达成的这些国际版权法律规范包括关于复制权（reproduction right）、计算机软件、数据库权、出租权、向公众传播权等方面的规范。

第四章 计算机软件、广告及宣传品版权的许可

本章内容提要

- 软件的版权保护及软件的许可
- 许可人的责任
- 数据库许可存在的问题

版权所保护的是“思想”（idea）的“表达”（expression）而不是“思想”本身。版权许可专门赋予被许可人复制、发行（销售）该“表达”的制作成本的权利。因此，普通人往往认为版权许可多于图书出版、音乐录制及电影相关。如此许可高度专门化且仅局限于这些行业当中极其个别人的利益。对于从事商务活动的人士来说版权许可的最重要内容是关于计算机软件、广告及产品宣传资料的。许可是按照商定的期限和条款，权利所有人授权他人使用其知识产权的一种办法。所以它是确保创新内容使用和创作者获取薪酬的关键要素。

1 计算机软件的许可（computer software licenses）

正在缩小的机会

计算机软件是指为了得到某种结果而可以由计算机等具有信息处理能力的装置执行的代码化指令序列，或者可以被自动转换成代码化指令序列的符号化指令序列或者符号化语句序列。同一计算机程序的源程序

和目标程序为同一作品。

伴随着科技的发展，计算机软件交易也已经不再局限于一对一的定制软件系统（specialized bespoke software system）交易，而是逐渐过渡到大众市场化和追求经济效益和效率共赢的模式。一对一的合同订立过程也由于交易的大众市场化而变得不再现实，软件的大规模“许可”销售逐渐走上了舞台。这是由于用户和软件开发商之间期望的不对等导致的。软件出售以后，软件生产商对软件的控制能力大大降低，同时，软件又极易被复制，这无疑会给生产商带来无可估量的损失。生产商察觉到为了保持其对软件使用的足够的控制权，极有必要通过合同获取相应的保护。正是鉴于软件许可销售的这种特性，需要设立一种合理可行的交易方式，既要保证软件商的关于许可的要约能完整地到达软件用户，又要保证软件用户一旦做出了某种表示或者行为即视为对许可条款的接受。由此，软件许可交易应运而生。而在此种交易过程中，常常随着热缩塑料包装（shrink-wrap）、点击包装（click-wrap）、共享软件（shareware）、免费软件（freeware）、开放源码软件（open source）等新旧软件发布方式一同出现的就是“软件许可协议”。

众所周知，计算机程序是极其容易被复制的产品。三、四十年前软件公司面对计算机程序普遍盗版的问题。一旦某个软件被销售，购买者可以不受限制地出借给任何人，而借用者可能在返还之前随意复制该软件。当然，根据任何软件版权保护立法或条例，这种复制是一种侵权行为。但是，二十世纪七八十年代的国际、国内环境都不利于版权保护，而且，对于计算机公司来说去追查、起诉个体侵权者既不经济也不实际。当时，英美等国家自由表达、自由复制盛行，而中国的《著作权法》及《计算机软件保护条例》① 当时还没有出台。因此，相关的法律保护是不存在的。

出于对此种环境的考虑，多数发达国家的公司在许可和销售两种之

① 1991 年 6 月 1 日起施行《中华人民共和国著作权法》（2001 年 10 月修订并实施），2002 年 1 月 1 日起施行《计算机软件保护条例》。

间更愿意选择许可软件的使用权。如果销售软件，公司就会失去对售出软件的控制，但是，如果许可使用软件公司仍然拥有该软件。通常使用为软件公司制订了与软件打包的专门许可协议。产品外包装上的警示说明通常为：一旦打开包装，消费者被视为接受该许可的款项。这就是所谓的“拆封/启封许可”（a shrink wrap license），即一打开包装，买方必须遵循许可说明条款规定。

计算机软件、数据库和游戏软件等著作权人为节约交易费用，在生产和包装软件过程中预先确定合同条款，购买者在购买这些产品时仅有同意或不同意的权利，不能就合同的条款与卖方进行磋商。比如，现在我们常常能够在软件产品的封口上见到用显著的文字标有使用许可协议的全部实体条款。如果购买人同意该协议的内容，便可打开该软件包装的封口，合同生效。因此，启封许可合同是一种格式合同，是针对大众市场授权软件的授权合同形式。

第二，从软件销售过程看，启封许可合同是从互联网上下载程序也遵循类似的规则，即一旦点击该程序，消费者被视为接受许可的条款。这就是所谓的“点击许可”（a click-wrap license）。点击合同是指在电子商务中由销售商或者其他经营者通过互联网发出要约，用户以其“点击”行为表示承诺从而达成意思表示一致的合同。点击合同是电子商务环境下十分常见的电子合同形式。点击许可一般分为两类，第一种是在因特网上下载某软件时，在下载开始前会出现一个带滚动条的文本框，用户被要求阅读完文本框中的许可协议并点击“我同意”选项才能继续下载；第二种是许可协议是软件的一个组成部分的情况，在安装该软件的进程中会弹出一个类似的文本框并要求用户阅读完毕后点击“我同意”选项。第二种点击许可由于是在购买后才出现，属于事后条款的一种。

制定专门的电子合同法或在合同法中以专章对电子合同进行规范。无论采用何种形式，应对合同条款的拟定、要约和承诺的认定、合同的成立和生效、合同的形式、当事人做出意思表示的方式是否适当且自由、意思表示是否明确等方面给予重视。

无论如何，如果可能通过谈判签订许可协议，而不需要强迫消费者接受某些规定时，四个关键因素需要着重考虑：

1）适用范围（The scope of use）

2）履行保证（Performance guarantees）

3）终止条款（Termination provisions）

4）赔偿（Indemnification）

“计算机程序”指控制 CPU 运行的任何源码或目标码指令。“许可程序”是指可执行于指定 CPU 的许可信息处理程序，它由许可方的计算机软件系统中若干模块组成。计算机程序许可的目的是提高程序软件的销售额。一般地，协议对许可的程序提出使用的限制，并鼓励（如果说不是强迫）被许可人进行另外或多个版本的许可（并支付额外的使用费）以便满足全部需求。因此，授权条款非常具体，包括未来的使用、使用的地点以及用户的人数，这一点也是最重要的。

通常情况下，许可的程序对被许可人的生意运营至关重要。如此情况下，可能由许可的突然终止导致的对该程序使用权利的丧失会带来致命的损失。为了避免这种灾难的发生，被许可人往往希望终止条款允许有宽限期（grace period）。在此期间，他们可以努力争取可代替的软件或乞求许可人恢复他们的许可协议。如果同意恢复许可，许可人往往会要求（audit provisions）——协助侦查任何违背许可规定的行为——并且要求支付相当高的违约赔偿金（liquidated damages）。

由于许可的软件程序对于被许可人生意的运作可能起着非常重要的作用，该程序利用的失败会导致巨大的损失。当然，许可人会尽一切可能限制（如果不能完全脱离干系）他们在上述事件中所要承担的责任。对于全部损失的不承担责任条款（disclaimer）很有可能是显失公平的（unconscionable），因此，也是不能强制执行的（unenforceable）。许可人多数情况下所采取的应急措施会排出间接损失（consequential damages），并且对被许可人在其所支付版税或许可费时所发生费用数额的追索权的取得进行限制。通常情况下，该软件只需是“适销质量”（merchantable quality)[①]，许可人就可以通过拒绝承担任何特殊目的保证而减轻与被许可软件使用情况相关的责任。那些寻求适合专门用途软件的定制软件（custom software）被许可人应该特别注意其许可中保证条款的内容。另外，他们还要确保许可协议明确地说明被许可软件的性能标准；同时，许可人保证该软件满足这些标准。

尽管有经验的专利和商业秘密的许可人不向其被许可人担保免受第三方侵权的起诉，但是，软件许可人所遵循的惯例是不同的。普通许可人（非定制的）往往保证不受到如此诉讼。然而，并不是所有的担保都是一样的。在被许可软件被发现侵犯第三方权利时，需由许可人做出的法律救济措施可能包括如下措施：

1）免费向被许可人提供来自第三方的许可（极好的补偿）。

2）提供免受任何诉讼的软件代替品（可以接受，但这种情况会在变更中带来业务的中断）。

3）返还许可使用费（通常不能接受，因为这会严重干扰公司的运营）。

4）认真阅读全部保证条款内容。

最后，除非被许可人在许可协议中被授予权利，否则他们是无权复制备份的。谨慎的被许可人会坚持将该权利写进合同中。

我国《计算机软件保护条例》第三章对软件著作权的许可使用和转让作了相关规定。一项软件使用许可合同可能包含20多个条款。软件使用许可合同的文本随不同的软件供应商和不同的软件而不同，甚至同一软件供应商使用的软件使用许可合同也会有几种文本。在签订软件使用许可合同时，需要着重考虑的问题有：软件使用许可的方式、有关反向工程的约定、源代码的接触机制、拆封式使用许可证等。

---

① 指商品质量达到使用目的，并符合制造商目录对其的描述和价格标准。

2 自动化数据库（automated databases）

自动化数据库是以某种有序组合格式汇集到一起并适合用于计算机上的数据集合体。美国历史学家马克·泊斯特（Mark Poster）把数据库形象地喻为“信息的贮藏所”①。从法律角度，数据库没有明确的定义。《欧盟数据库保护指令》第1条：“数据库是经过系统或者有序的编排，并可通过电子或者其他手段单独加以访问的独立的作品、数据或者其他材料的集合。”美国第108次国会讨论的《数据库及信息集合体盗用法案》（*The Database and Collections of Information Misappropriation Act*）把数据库定义为：“为了成立一个便于人们访问的处所或者信息的来源，而把大量分散的信息集中起来。”综上所述，数据库（database）可以被称为信息集合体（collection of information），是指由有序排列的作品、数据或其他材料组成的，并且能以电子或非电子方式单独访问的集合体。日本《著作权法》规定：“数据库指由论文、数值、图形或其他信息组成的集合体，并构成一个可通过电子计算机检索信息的系统。”还规定：数据库这个词是指只有借助包含有计算机软件的数据库管理系统才能使用的作品，但不包括计算机软件本身。此处定义主要专指电子数据库。

在英美等国家，如果自动化数据库在选择和安排这些数据中体现足够的创造力，那么，他们的版权有可能受立法的保护。单纯将文本从图书或报纸上转移到计算机硬盘的数据库不足以受到保护。实际上，一个数据库的制作往往涉及许多版权许可，在著作权集体管理体制或其他类似版权管理中心等组织尚未完善时，出版商取得大量许可面临着巨大困难，甚至遭遇被起诉的风险。出版者在他们制作的数据库、CD-ROM及其他的电子产品中使用自由作家、摄影家、艺术家的作品必须得到作

① Mark Poster. *The Mode of Information* [J]. Poststructuralism and Social Context. 1990 (69).

者的许可。

对于数据库的使用需要通过获得许可的方式，使用费依据使用的程度，或者以月或年为单位计算。一般地，进入数据库的路径是通过密码的使用来控制的。

有意获得许可的人往往最关心数据库更新的频率。许可人最关心的是对于可能出现的由于该数据库的使用而带来的任何损失、数据库的内容被证实不够准确是否需要承担相应的责任。显然，没有许可人愿意承担法律责任，因此，他们往往在协议中提出不承担责任的条款。

电子资源使用权的集团许可（Consortia Licensing）是最近几年才出现的新形式，但它的发展却很迅速，因为无论对于出版商（通常为权利人）来说，还是对用户（通常为图书馆）来说，它都是一种双赢的选择。对出版商而言，集团许可的优势是显而易见的。首先，它使谈判、销售的过程简化，成本降低，尤其当出版商和全国性的或其他覆盖地域范围比较大的图书馆联盟签订许可合同时，这一优势更为明显，出版商只需要一个合同就可以和一个联盟内部的所有成员就价格、双方的权利和义务等达成一致。而且一旦出版商的产品为一图书馆联盟认可，它就可以通过同一或类似条件的合同继续和这一联盟的交易。其次，它能帮助出版商增加其产品的市场渗透力、提高产品的知名度。通过集团许可，出版商的产品迅速为图书馆联盟内的各成员所知，这比通过与单个的图书馆交易来建立市场知名度要快得多。而且，当新产品问世时，图书馆联盟会通过其站点、定期会议迅速传播有关这一新产品的信息。对于作为联盟成员的图书馆而言，通过集团许可同样使它们降低了谈判和采购的成本，而且往往可以从出版商那里获得优惠的折扣价格；同时解决了由于书刊价格上涨而不得不削减其种类的问题，使图书馆的最终用户可以使用更多的书刊。由于集团许可的种种优点，使图书馆联盟在各国迅速发展壮大，集团许可也越来越成为图书馆和出版商交易的首选模式。

3 广告与宣传品（advertising and promotional materials）的二次使用（reuse of works）

企业通常授权委托摄影师、商业艺术家、广告文案撰稿人来创作一条广告或广告文稿。对于这些文字内容，该企业最初打算只使用一次或者仅限于某种方式与范围，随后却发现该文字作品获得意想不到的成功，或者就是出于懒惰与贪婪，企业再次使用或部分使用了该作品。一般情况下，该企业会因版权侵权而遭到起诉。结果是该企业没有从作品的创作者那里获得版权转让的权利保证，且随意复制了该作品。由于相关创作者不是该企业的员工，所创作的作品极有可能属非雇用作品（works made for hire），因此，该作品的版权归作者所有。企业二次使用该作品属未经许可复制和发行版权作品，即版权侵权（copyright infringement）。

明智的做法是企业通过从权利所有人那里获得该作品全部的版权转让。然而，如此的权利转让明显不利于"相关艺术家"。原因很简单，艺术家的经济利益受到影响。艺术家们更愿意对其作品发放许可证。因此，如果权利转让的要求遭到拒绝，可选择重新续约或延期有利的协议条款。无论如何，在再次使用该文字作品之前审核其法律地位是必要的。

广告作品是广告创意的表现形式，是指广告设计人员在为广告主宣传产品或劳务而进行的活动中所产生的术语文学、艺术或是科学领域内的，具有独创性并能以某种有形形式复制的智力成果。我国《著作权法》第3条中列出的受保护的作品中确实没有将广告作为单独的一类列出，但这并不意味着《著作权法》就已经将广告排除在其保护范围之外。

从国外的一些立法例看，其版权法上的规定是有很大差异的。例如：日本《著作权法》中规定的著作权客体中，并没有将广告作品列入其中，广告作品如同商业的产品目录、合同范本、菜谱等一样，都需要就其具体情况来判定是否具备著作物性质，一般而论，并不一定都构成著作物；而在英国的《版权法》中，电视商业广告的版本如同电影或广播电视节目的脚本、计算机程序、体育竞赛的赛程表一样，作为文学和戏剧作品受到版权保护，广告配乐则如同交响乐一样作为音乐作品受到版权保护。我国《著作权法》中虽然没有明确规定广告作品是否受保护，但有关规定中也并没有排除广告作品，因此体现或含有广告创意的广告作品是具有可版权性。

总结

版权不保护思想而只保护该思想的表达。对于商业人士来说，版权许可的最重要事宜是关于计算机软件、广告及促销宣传资料的。

世界多数国家的规定是当打开软件包装的密封条时，个人用户就自动地与软件制造商达成了一种许可协议，被称为“热塑包装许可协议”，可下载软件程序的出现给用户带来了“点击许可协议”。在该协议中，消费者必须接受“点击许可”条款，才能进行下载该程序。

拥有多类型用户的公司一般签订特别程序许可协议，包括未来使用方式、使用地点和用户数量。允许将软件安装到公司网络的许可应具体说明可以获准使用该程序的最大用户数量。

获得许可的公司应该确保协议的终止条款中包括宽限期，并且应该特别注意保证条款中相关如果软件性能不能满足需要许可人承担的责任。

自动化数据库如果在选择和编排数据中投入了足够的创造力，那么，该数据库就可能被认为是受版权保护的作品。自动化数据库的使用可以根据使用的范围或时间长短制定许可协议。

在复制任何广告文字或促销策划方案之前，公司应该明确是否有权如此行事。如果版权没有发生转让，作品版权很有可能属于创作者，而不属于委托制作该作品的公司。

第五章　版税与版权税率

本章内容提要

- 一次性总付式许可与版税式许可的区别
- 决定版税率的因素
- 风险控制

使用费即版税，是许可贸易中首要考虑的问题。为了使用被许可的产权被许可人应该向许可人支付多少版税？以何种形式支付版税？是一次性全部付清还是依据经营情况分期付款？

1　一次性总付式许可

一次性总付式许可（a paid-up license）中版权是一笔固定的数额。可以是一次性支付或是根据协议中支付时间的安排阶段性分期支付。一旦达成协议，使用费数额与未来使用被许可产权所获得的丰厚利润无任何关系。被许可人的销售额可能很高或很差，但是，协议达成的使用费数额不会因此发生变化。这并不是说一次性支付版税不是由未来销售额情况来决定的。相反，决定一次性版税关键的一步就是许可人与被许可人之间关于许可标的物的未来销售额预测达成的协议。显然，预估的销售额越高，许可人要求的版税就越高，被许可人所要付出的就越多。存在的问题是，即使是在最好的环境下，销售额的预测也从来不是一件容易的事。尤其当涉及许可双方各自的利益，估算销售额尤其困难。因此，一次性支付使用费的许可最适合于那些未来销售情况相对可以预测的产权。既然销售业绩预测的难度与预测的时间长度通常是成正比的，短期预测更准确，当事双方也更加容易达成协议。所以，一次性总付式许可更常见于许可期限较短的合同，或是因为被许可人只要求极其有限的期限，或是因为被许可的知识产权（更常见于专利）的保护期即将失效。

为了避免版税式许可中计算被许可产品销售额及处理阶段性版税支付所带来的不便，大公司往往更愿意签订一次性总付许可协议。实际上，一些小公司也偏爱一次性总付许可。小公司许可人通常仅仅拥有一个或几个相关权利，一旦灾难降临，如，因技术原因合同不能强制履行、司法裁决第三方非侵权等，许可人的收入将会荡然无存。除非另作规定，一次性支付式许可中的版税是不退还的。因此，小型企业的许可人可以通过选择一次性总付的许可形式来降低风险。如果被许可人是刚刚成立的新公司，由于投资经营资金的注入，暂时资金状况良好，许可人完全可以授予一次性总付式的许可——在其资金充裕时获得使用费。一次性总付使用费具有的优势在于它无需计算，从而无需对被许可人的账目进行审查。对许可人而言，避免了对方作假账的风险；对被许可人而言，避免了暴露顾客身份和需要的危险，也不必将其他商业秘密置于许可人的监控之下。同时，也不必商议有关被许可人附属机构的商业使用或分许可的条款。从被许可人的角度来看，一次总付也有一些好处。既然许可人常常要求对分许可的收入收取高于生产收入的使用费率，一个希望分许可的被许可人会倾向于一次支付款项。此外，一次总付使用费会激励被许可人的履行，如果知识产权的价值超过预期值，被许可人可以获得超额价值。然而，这一长处也有它的不利因素：被许可人要承担实施状况不良和市场波动的风险。为此，许可人也可能倾向于一次总付 ——至少是当他预计使用费下降的负面风险超过获得更大收益的机会时。[①]

① Jay Dratler, Jr. 著，王春燕等译. 知识产权许可（上）【M】. 清华大学出版社，2003：285.

2 版税式许可

避免或减少因对于未来销售数额计算所产生的不同意见的做法之一就是依据实际销售情况计算版税。如果许可协议提供了版税按照被许可的产品销售额来计算的条款，那么，预测未来的销售数额和价格就没有必要了。版税就按照产品实际销售数量和价格来计算。显然，版税式许可受到现金流有困难的被许可人的青睐。它代表收入或销售价格的百分比，或者每个生产单位、每个生产周期、所使用每单位原材料对应一笔固定的数额。这种使用费与一次总付相比有三个优点：首先，它依赖于知识产权在商业化过程中的使用与成功程度，使许可人与被许可人双方均免于承担事先错误估计导致的风险。其次，它反映出人们愿意为被许可人的知识产权支付的价格，这种使用费最符合专利与版权法设立的目标。它使知识产权所有人的收益与他的贡献成正比，因而提供了一种最恰当的鼓励机制并使风险预测失误带来的损失降到最低。最后，这种“利用”确定的使用费使得许可人从法律角度得到的益处在于迫使被许可人善意地使用许可标的。

关于版税的预付和总付问题，《出版文字作品报酬规定》第 12 条对此作了原则规定，具体是：“采用版税方式付酬的，著作权人可与出版者在合同中约定，在交付作品时由出版者向著作权限人预付最低保底发行数的版税。作品发行后出版者应于每年年终与著作权人结算一次版税。首次出版发行数不足千册的，按千册支付版税，但在下次结算版税时对已经支付的版税部分，不再重复支付”，实践应认真遵循这一原则。

3 版税率的计算

从本质上讲，版税影响到被许可人因得到某项权力使用的许可而获得利益的多少。因此，版税率定为期望获得利润或者预期营业利润（毛利润）的四分之一或一半为理想的比率。这就是所谓的 25% 规则。例如，如果预算的毛利润为销售价格的 16%，那么，版税率应为 4%（16% ×0.25）。

当谈判利益分配时，为了获取更高的版权税，许可人通常要指出创造被许可的知识产权所做出的投入，而被许可人则往往反驳说这些投资是沉没成本（sunk cost）[①]。被许可人接下来会指出实现任何利润之前必须承担的风险及投资以便降低税率。从经济学角度出发，第二个争辩的理由更有说服力。

版税谈判可能还会涉及到其他一些因素。例如，如果被许可权力的使用将会刺激其他产品或服务的销售，那么，该版税率就理应较高。如果被许可使用的产权作为很重要的一部分被容纳到该产品或服务之中，那么，许可人也可以要求高版税率。同样地，稀缺或不可替代的知识产权的使用费一定要比普通或可替代的昂贵。

现实生活并不会像理论所描述的那么简单（见表 5.1）。一方或双方当事人可能会通过提出其他已有的许可协议作为支持其主张的实证，指出在哪些许可中的版税与此次谈判中的许可税率情况相近。因此，许可人一般就会指出过去做出的相同的权利许可所订立的版税率数额。实际上，在确定税率时任何一方都可能会以“常规做法”或“行业标准”作为谈判依据。被许可人有时会提到他们过去获得的某项知识产权的使用费。同样地，所提到的许可必须与本次谈判涉及的客体相关才具有可比性。

在美中版权贸易中，美国出版商一般会提出以浮动金额（royalty）确定版税总额，但要求中方先支付一定金额的押金。无论是以哪一种方式，被许可方都应该在文字上反复推敲，把握清楚。

如果是以版税方式确定许可费，就必须确定如何计算销售额与销售价。许可方往往要求根据印数而不是实际销售额来确定销售额，但被许可方则应尽可能争取以实际销售额为计算基础。另一个值得注意的问题是：销售价的计算多以被许可方客户（如书店等）的零售价为根据，

---

① 也称旁置成本，指已经发生而无法回收之费用。

而不是以被许可方的批发价为根据。

为了防止被许可方超过合同中规定的授权范围出版发行被许可的作品，许可方往往要求有对被许可方的账册进行审计核查的权利，同时要求被许可方承担提供被许可的作品的收入报告之责任。从被许可方的角度出发，切不可因急于签约而放弃这方面的权利。被许可方提供的收入报告不能过于详细，许可方进行的审计核查也不能过于频繁，这样才能避免过重的负担。

表 5.1

影响版权率的因素①：
• 行业标准的版税率（industry standard royalty rate）
• 被许可人的常规版权率（licensee's customary royalty rate）
• 许可人的常规版权率（licensor's established rate）

正如前面所述，同一个知识产权，专有权许可的版税通常较非专有权许可的版税高。如果许可类型是专有权的版税式许可，那么协议的支付条款通常包括一项要求专门的“担保的”（guaranteed）或“最低的”（minimum）版税数额。这种要求被当作是被许可人为了获取专有权许可支付的部分额外费用。此要求的变通做法是，如果被许可人没有满足特别提出的版税率要求，许可由专有权许可转变为非专有权许可。

在欧美出版业长期的发展过程中，版税制发挥了重要的作用。版税制的抽成方式把出版社利益和著作者利益紧紧捆绑在一起，无论是出版社还是作者都愿意以版税方式结算稿酬。版税率是版税制的关键因素，它主要受市场的调节。一种市场前景好的图书，出版社愿意给作者比较高的版税率，而一种销路可能不好的图书自然少有出版社问津，版税率同样也不会高。在美国，超过四分之三的独立出版社采用版税制的方式和作者结算稿酬。西方国家首次出版的著作稿版税率在7%～15%之

① Alexander I. Poltorak & Paul J. Lerner. *Essentials of Licensing Intellectual Property* [M]. New Jersey: John Wiley & Sons, Inc., 2004: 106.

间，翻译稿版税率在6% ~10%之间。

根据1999年4月颁布的《国家版权局出版文字作品报酬规定》，为保护文字作品作者的著作权，出版社、报刊社出版文字作品，应当按本规定向著作权人支付报酬。其中第4条规定，支付报酬可以选择基本稿酬加印数稿酬，或版税，或一次性付酬的方式。其中“版税”，指出版者以图书定价×发行数×版税率的方式向作者付酬。根据我国《个人所得税法实施条例》规定，稿酬所得，是指个人因其作品以图书、报刊形式出版、发表而取得的所得。据此，版税计算的一般公式为：版税收入=图书定价×发行量×版税率。但是这个公式忽略了许多因素，在实际操作中，情况要复杂得多。公式所提供的三个量，只有版税率一个量是必需的，其他两个量随条件的不同而不同。如图书定价可能被图书的零售价替换，发行量可能被印数或者实际销售数替换，而“图书定价×发行量”可能被销售收入替换。大体说来，版税的计算公式有以下几种：

1）版税 R=图书定价 P×发行量 Qi×版税率 r

2）版税 R=图书批发价 Pw×发行量 Qi×版税率 r

3）版税 R=图书定价 P×销售数 Qs×版税率 r

4）版税 R=图书定价 P×印数 Qp×版税率 r

5）版税 R=出版社销售收入 I×版税率 r[①]

版税没有统一的标准，《出版文字作品报酬规定》中提供的版税率参考标准为：原创作品：3% ~10%；演绎作品：1% ~7%。欧美国家作者版税率的级差较大，低的不到5%，高的可能达15%甚至20%。不同类型作品的版税率不同，如畅销小说的版税率要高于专业图书的版税率。不同版本类型的图书的版税率也不同，袖珍版图书的版税率要高于普通版图书。不同作者的版税率也相差很大，知名作者的版税率要远远高于一般作者的版税率。总体上，一般图书的版税率平均在10%左右。

① 汤林弟．科技与出版【J】．2003（6）：14.

4 影响版税的因素

在版权贸易中，影响价格的因素有很多，按照对于价格影响的作用，可以分为标的物本身因素、贸易环境因素、贸易双方因素三种。

4.1 标的物本身因素

首先，标的物本身的价格是影响版权价格的主要原因，也是最后价格构成的重要因素。版权像其他有形商品一样，其本身存在着成长、发展、成熟、衰退这样一个寿命周期。在引进版权的过程中，仔细分析其所属的生命期阶段是十分必要的。版权处于不同的发展阶段，其产生的效益不同，价格也会不一样。一般而言，一部作品刚刚在市场上流通，处于成长期，了解作品的人不多，商业价值不明显。此时，其版权价格会较低，但是贸易的风险非常大，需要对作品内容和需求趋势有非常好的把握，同时也要意识到，购买方若是将作品完全商业化直至产生利润，仍旧需要投入大量的经费。当作品逐渐被公众认识，其价值也会随之提高，作品处于发展和成熟期。这一时期，商业价值最高，持有人通常以许可形式转移一部分财产权利，版权价格要比成长期高出许多。随着时间的推移，作品会进入衰退期，作品的价格也不断下降。事实上，版权产生经济效益的时间比其法定的保护期要短得多。其次，作品的创作、开发都需要投入大量的人力、物力、财力和时间，作品的创作与开发一定发生相关的费用。版权贸易过程中产生的交易成本包括像转让或许可的费用等。

4.2 贸易环境因素

贸易环境是影响版权贸易价格的又一个因素。同种版权作品，会因为当时所处的贸易环境不同，导致价格发生变化，有时候这种变化还是很大的。出于国家利益安全、政治利益、税收等方面的考虑，可能会对某些作品的许可与转让予以限制，甚至是禁止，这会直接影响到价格的确定。不同作品有不同的贸易规范，如利润提成、索赔及罚款条件、过去参考价格等都会影响到价格。引进方国家的政治、法律环境对于版权价格的影响也十分明显。政治动荡、社会不稳、政策多变的国家，版权贸易的风险比较大，版权所有人通常会要求较高的价格。另一方面，供应方国家的法律和政策对版权贸易价格也会有影响，诸如政府实行的国别政策、严格的版权贸易限制等，都会使版权贸易的难度和风险加大，从而导致价格的提高。同时，支付方式也会影响版权价格。一次性支付可使许可方避免等待付款的风险，因此许可人更愿意给一次性支付方式更大的优惠，以鼓励被许可方采用这种支付方式。

4.3 贸易双方因素

贸易双方中某一方在一定市场内具有较高的知名度或是作品的声望较高，在版权贸易中就会将这些无形资产融入到最终价格当中，同时，还会影响买卖双方的议价实力，从而影响价格。如引进方的业绩、信誉、专业水准以及出版质量，都对版权引进价格的影响相当大。双方在报价时都会留有一定的讨价还价的余地，谁能在价格谈判中占据主动，以对方的低价或接近低价成交，很大程度上取决于其从事版权贸易谈判的经验和能力，所以，当事人的谈判经验也能影响到成交价格的高低。①

5 风险与价格——知识产权许可中的一揽子交易

避免或将风险降低到最低是商务人员所奉行的最基本原则。在任何情况下他们都更倾向于风险最小的投资或项目，收益的多少是次要考虑的问题。当然，巨额效益可以吸引风险投资；但是，不同的两个投资项目相似的潜在收益，被认为风险小的那个项目会受到欢迎，因此，要求最高的价格——这种原则存在于特许经营行业（franchising industry）。

---

① 徐建华. 版权贸易新论【M】. 苏州大学出版社，2005：162－163.

特许权购买者要额外支付一笔不小的费用以便获得更高的保证，包括详细的技术说明、公式、产品或服务的工序指南。供应商名单与员工培训也应该涵盖其中。所有必要的设备和工具一并送到。通常情况下，特许人（franchisor）会提供如下帮助：选址、许可和认证的申请以及建立账目和其他控制系统。而且最重要的是，特许权还包括使用特许人的商标进行商业活动的许可。

知识产权许可同样适用于这样的原则。预测的风险越大，投资和商业开发越发需要谨慎，谈判中也就越能降低价格。一旦确立了这种价格与风险之间关系，应对方案也就显而易见了：风险降低，价格就会提高。

从本质上讲，降低风险就是提供解决那些会导致风险问题的办法。正如特许权持有人（franchisee）愿意为基本就绪的生意支付补偿资金，财产受让人或许可人也愿意为成熟的市场或技术进行特别的投入。换句话说，越接近市场的东西遗留的问题越少，带来的利润越高。

总　结

一次性付款式许可的版税是固定的，而“版税”式许可的使用费依据时间发生的销售额来计算与支付。国际上，合理的版税率一般占被许可人预计经营所得的25%。

确定新许可版税率之一的因素是已有相同产品许可的版税率。行业惯例是另外一个要考虑的因素。

版税率不是一成不变的。根据各种不同情况，可以采取各种不同的版税率。一种方式是，随着印数的增加递增版税率。作为一种比较合理的办法，这种办法被多数出版社采用。另一种是根据不同作者采取不同版税率。对于已成名的作家，版税率当然要定得高一些，而对没有多大把握的新作家，税率定得势必就要低一些。换句话说，也就是出版社承担的“风险”越大，版税率就越低。总之，版税率通常是随着引进方印数的增加而逐渐上调。

第六章　许可合同的管理与执行

本章内容提要

- 确保被许可人按时支付版税、销售报告准确
- 确保许可人完成所要承担的全部责任
- 被许可人之间进行合作，尽最大可能降低版税率
- 明确许可人是否为权利所有者

所谓的合同管理（contract management），指的是以自身为当事人的合同依法进行订立、履行、变更、解除、转让、终止，以及审查、监督、控制等一系列行为的总称。其中订立、履行、变更、解除、转让、终止是合同管理的内容；审查、监督、控制是合同管理的手段。合同管理必须是全过程的、系统性的、动态性的，全过程就是由洽谈、草拟、签订、生效开始，直至合同失效为止，系统性就是凡涉及合同条款内容的都要一起来管理，而动态性就是注重履约全过程的情况变化，特别要掌握对己方不利的变化，及时对合同进行修改、变更、补充或中止和终止。①

买卖双方经过交易磋商，达成协议后要签订书面合同，作为约束双方权利和义务的依据。在版权贸易中，买卖合同一经依法有效成立，有关当事人必须履行合同规定的义务。所以，履行合同是当事人双方共同的责任。

---

① 李守君，加强经济合同管理的策略研究，商场现代化【J】. 2007（4）: 260.

著作权许可使用合同，是指某作品的著作权人与有使用该作品意向的使用者（出版者、演出组织者、制作者等）所签订的允许对方在一定的期限内使用其著作权中的一项或数项权利，而使用者按所取得的使用权的范围向著作权人支付使用费的协议。

1 作为许可人应做到

许多许可人认为当许可最终被执行时这项工作就完成了。这种想法是不对的。一个许可合同生效之后，还需要有人来管理它。首先要考虑的是被许可人是否按时支付协议中规定的全部版税问题：

1）版税是否按时支付

2）销售报告是否真实、准确

3）收到的版税数额是否正确

相当一部分被许可人将其生效的合同搁置一边（甚至忘记），对于付款时间不做任何备注。例如，有些被许可人“忘记”支付季度版税。当付款时间过期时，许可人应该发送催缴通知，同时告知对方付款逾期的时日。

并不是所有的被许可人都报告经许可而生产、制作产品的全部销售额。许可人需要密切关注被许可人的付款情况。比较过去所发生的支付情况或其他被许可人付款情况，以便确定目前的版税支付情况是否正常。如果被许可人声称生意很糟糕，留意其公司网站的信息或以其他形式公开的内容，留意当事人是否在向外界夸大宣传其业务正在扩大等。核查他的年度报告、新闻消息及其他可以获得的公开信息。

监督被许可人的产品信息（通常可以在被许可人的网站上得到），包括：是否有涉及许可协议中规定的新产品，或是老产品新模式，但是又没有及时而准确地报告的内容，以防止漏报版税现象的发生。

许可合同应该包括一项条款，允许许可人审查被许可人的账目以便核实被许可人对于许可产品销售报告的准确性。该条款应该说明如果发现核查的结果与报告的内容有出入或不相符，被许可人应承担审计的费用（国际上通常为应支付款项的5%或以上）。审计的费用可能相当高，因此，不要轻易采取行动。发函告知对方有可能采取相关行动就可能会产生一定的效果。

关注被许可人是否在认真执行限制许可范围的条款也是非常必要的。如果许可包括地理区域限制，被许可人是否在被许可的地区市场从事销售活动？许可包括对被许可产品使用或开发的技术限制吗？许可人必须明确被许可人没有触犯合同条款明令禁止的销售行为。为此，许可人应该要求被许可人定期提供书面报告说明执行合同的情况，如出版物上是否正确标识了版权符号等。

2 作为被许可人应做到

作为被许可人需要向许可人支付版税。因此，被许可人有权享受应得的对等利益。合同执行之后，被许可人需要了解竞争对手利用同一产权的方式以及相关销售活动。因为，作为被许可人，为了获取使用权并且在市场上处于垄断地位，为此可能支付了高额版税。如果合同中含有“条款执行”（enforcement requirement），督促许可人履行其义务。如果许可人不愿意或不能承担其责任，被许可人可以停止支付以后的版税。

同时，还要密切关注权利受让人对许可产权主体内容是否进行了更新或者技术改造；是否创作了许可作品的新版本；受让人是否及时告知被许可人这些变化。如果合同明确规定许可人有义务告知这些变化但是许可人没有做到这一点，就有可能被视为严重违约/实质性违约（material breach of contract）。而且，产品不及时更新或改进会导致技术或内容的过时、陈旧乃至贬值。如果长期没有更新、改进，被许可人应该重新评估该许可的价值。该权利是否还具有签订合同时的价值、是否值得支付当时订立的版税率数额。如果不终止合同，那么应该争取在重新谈判时降低版税率。

3 支付合理的版税

没有人愿意支付更高的版税。如果许可是非专有的，权利人就需要持续关注新的被许可人。是否可以签到更高的版税率（或其他条款）；如果许可包括“最惠国待遇”条款①，向许可人要求同等待遇。如果不包括此款，但是含有相关终止款项，那么，重新谈判、制定新的版税率就成为可能。

4 独占许可权的执行

独占许可权一般具有巨大的商业价值。独占权通常是被许可人在利用被许可标的的过程中所实际负担的劳动风险和费用的对价。因此，将其他人排除其独占市场的独占权的执行，对于获得独占许可的被许可人而言，意味着相当大的利益。执行的主要方法包括与被许可的知识产权相关的侵权之诉和执行许可独占权的契约行为。

5 对第三方的执行

如果第三方——与许可协议无关的人—— 侵入独占被许可人受保护的市场，被许可人可以通过依据相关法律提起侵权诉讼，捍卫其独占领域。在版权贸易中，这种诉讼中获取需要有三个前提条件：第一，独占权必须是有效且可执行的；第二，被许可人必须具有诉讼资格；最

① 最惠国待遇（most favored nation treatment），是国际经济贸易关系中常用的一项制度，是国与国之间贸易条约和协定的法律待遇条款，在进出口贸易、税收、通航等方面互相给予优惠利益、提供必要的方便、享受某些特权等方面的一项制度，又称“无歧视待遇”。它通常指的是缔约国双方在通商、航海、关税、公民法律地位等方面相互给予的不低于现时或将来给予任何第三国的优惠、特权或豁免待遇。条约中规定这种待遇的条文称为“最惠国条款”。

后，第三方的侵权行为必须在相关立法下构成可诉的侵权行为。

取决于知识产权的类型以及被诉方构成侵权行为的性质，第三个要求有可能意味着独占权执行的实质保障。

一般情况下，依据版权法规定的首次销售原则①，经授权对一份版权作品拷贝的首次销售会使版权人丧失独占发行权和公开展示权。这两种权利只是版权人独占权中的部分权利。尽管有首次销售原则的存在，版权人和独占被许可人仍然可以在其独占权利的范围内阻止对受保护的作品进行未经授权的复制、改编（衍生作品的创作）和公开表演；首次销售原则只影响发行权和公开展示权，对其他独占性权利则不发生作用。因为，这些权利可以不受首次销售原则的限制而适用，版权的独占许可仍然具有受多国相关法律保护的可观价值。

---

① “首次销售原则”（the first sale doctrine），又称“权利穷竭原则”或“发行权一次用尽原则”，是传统版权法中一条限制版权人专有权利的重要原则。它的含义是：虽然版权人享有将作品原件或复制件投放市场的“发行权”，但合法制作的作品复制件经版权人许可首次向公众销售或以其他方式转移所有权后，版权人就无权控制该特定复制件的再次流转了。合法获得该作品复制件所有权者有权不经版权人同意将其转售、出租或以其他方式进行处分。换言之，版权人控制作品复制件流转的排他性权利在该特定复制件首次被合法销售后即“穷竭”或“用尽”了。一些国家在版权法中对这一原则做了明确规定。美国《版权法》109 条（a）款规定：“根据本法合法制作的复制件或唱片的所有人，或任何经该所有人授权的人都有权不经版权人许可而销售或以其他方式处分对复制件或唱片的占有。”德国《著作权与相关权法》第 17 条（2）款规定：“如作品的原件或复制件经发行权人同意已经通过销售在欧盟境内投放市场，许可其继续流转。”英国《版权、外观设计和专利法》第 18 条（2）款规定：发行权不适用于首次销售之后散发、销售或出租作品复制件。日本《著作权法》第 26 条（b）〈2〉款规定：如作品原件或复制件的所有权经发行权人或其授权的人许可转让，则发行权不再适用于该原件或复制件。2001 年欧盟通过的《协调信息社会中版权与邻接权特定方面的 2001/29 号指令》（《版权指令》）第 4 条（2）款也从反面规定：“对于作品的原件或复制件而言，发行权在共同体内不应被穷竭，除非在共同体内对载体的首次销售或其他所有权的转移是由权利人或经他同意而进行的。”（王迁，论网络环境中的“首次销售原则”，法学杂志【J】. 2006（3）：117.）

总 结

合同生效后，许可人一定要确保被许可人准确、按时支付版税。每当被许可人支付版税时，许可人应该将目前销售额与过去的销售额和公开得到的数据信息作比较。另外，许可人还要定期核查被许可人的产品文献资料以及其他可获取的公开信息以便确定是否有应该包括在许可中的新产品。同时，许可人还要核实被许可人是否遵守合同规定，在被许可产品上是否正确标注版权符号等。被许可人应该始终关注被许可产品是否有新版本、新技术的产生。如果是非专有许可，被许可人应该与其他被许可人联系、沟通，确定他们获得的许可条款是否享有更优惠的待遇，版税率是否更低。如果其他被许可人被授予了更优惠的条件，“最惠国待遇”条款有助于被许可人重新谈判版税率事宜。

第七章　版权谈判

本章内容提要

- 谈判的基本程序
- 谈判的方法
- 避免谈判的七个误区
- 成功谈判的七条规则

商务谈判是当事人之间为实现一定的经济目的，明确相互的权利义务关系而进行协商的行为。认真研究谈判的特点和原则，是谈判取得成功的保证。它是谈判双方或多方通过协商和采取协调性行动，寻求实现一定商业利益的策略性相互作用的过程。

按照最一般的认识，谈判是人们为了协调彼此之间的关系，满足各自的需要，通过协商而争取达到意见一致的行为和过程。[①] 美国谈判学会会长、著名律师杰勒德·I·尼尔伦伯格在《谈判艺术》一书中所阐明的观点更加明确，他说："谈判的定义最为简单，而涉及的范围却最为广泛，每一个要求满足的愿望和每一项寻求满足的需要，至少都是诱发人们展开谈判过程的潜因。只要人们为了改变相互关系而交换观点，只要人们是为了取得一致而磋商协议，他们就是在进行谈判。""谈判通常是在个人之间进行的，他们或者是为了自己，或者是代表着有组织

---

① Alexander I. Poltorak, Paul J. Lerner. *Essentials of Licensing Intellectual Property* [M]. New Jersey: John Wiley & Sons, Inc., 2004: 115.

的团体。因此，可以把谈判看作人类行为的一个组成部分，人类的谈判史同人类的文明史同样长久。”

谈判是一种艺术——获得可能性的艺术。谈判成功的结果是双方都最大可能地获得希望得到的东西。这里强调的是“每一方”，通俗地讲，这就是所谓的“双赢”。如果可以将谈判的过程比作分蛋糕，那么，最成功的谈判者——最终分到最大蛋糕的人——是那些在试图切分蛋糕之前首先通过合作并努力将蛋糕变大的人。

常见的传统的谈判观点是谈判就是通过各种手段、尽最大可能为自己索取利益的过程。这种方式的最大问题是树立对手。它使双方为了各自的利益进行争斗。不去努力扩大蛋糕的规格，相反却为此争夺，其结果很可能就是饥肠辘辘、疲惫不堪的当事人穿过干瘪、破碎的面团相互对视。

无论如何，取得谈判的成功不但需要良好的意愿，更需要的是合作精神。而且，谈判的目的仍然是尽最大可能获得最大利益。

1 谈判的基本程序

为了达成协议，所有谈判都要经过以下各个阶段。每个阶段使用的技能和语言各有不同。这里重点讲述谈判的基本程序、谈判技能及语言沟通艺术。

1.1 准备

准备是谈判过程的第一阶段。该阶段需要做的工作包括：谈判的问题、己方的利益、己方的目标及对方的利益。

1.1.1 明确问题

谈判的目的是就某项事宜或问题与对方展开磋商，以此希望达成某种协议。例如，如果谈判的目的是向客户推销产品，通常情况下，谈判需要事先明确：客户可能不想买您的产品；客户可能同意购买但要针对价格、产品质量或发行日期进行讨价还价或质疑；确保从产品销售中获得利润。

1.1.2　明确己方的利益

在谈判中，双方希望保护或提升各自的某些利益。某项利益不是指具体的目标，它与宏观的最基本的问题相关。所达成的协议都不应该伤害己方利益或置己方利益于风险之下。例如，在销售产品的谈判中，可能存在的利益包括：公司的利润；从销售的产品上获得理想的价格；从长远的角度，与客户建立良好的关系。如果是购买某种产品，相关利益包括：保证物有所值；与供应商建立良好的关系。

另外，正确理解“利益”（interests）与“地位”（positions）之间的不同是非常重要。利益是要关注基本问题，认真研究各自的利益，核实与对方可能存在的共同点；地位是在考虑自身利益之后采取的态度。有经验的谈判者将注意力集中在利益而不是地位上面。

提示：

谈判者的态度可以随时改变，但是利益不应该有任何变化。

1.1.3　确立讨价还价的目标

当明确了己方利益和其优先顺序之后，应该围绕以下方面考虑谈判要达到的具体目标：

希望实现的目标

通过谈判要实现的目标通常不止一个。例如，您可能希望购买某些产品，但是，这不是唯一的目的。您还想以最合理的价格购买到该产品并且希望在最短的时间内拿到货物。

提示：

目标越多，获得讨价还价的空间就越大。

优先顺序的确定

将要达到的目地按照重要程度排列优先顺序。具体讲，谈判者可以考虑最理想的结果或者可能获得的最佳结果、希望能够得到的结果以及能够接受的底线（尽管您所希望得到的更多）。

另外一种排列优先顺序的方式是需要考虑：什么是我最想要达到的；什么是我希望达到的；其他可能得到的结果。值得注意的是，最初制定的目标可能并不完美。当您考虑其他方面的问题时，很有可能会改变目标和实现具体目标的先后顺序。

不希望出现的结果

在制定目标时，既要考虑希望达到的目的又要明确不打算同意的谈判结果。

终止谈判的时机

确立目标时，谈判者应认真考虑经过谈判所要达到的最低目标。通过考虑谈判失败的后果来明确所要实现的最低目标。如果不能与对方达成协议会产生什么后果？在英美国家，某些谈判专家称其为“谈判协议的最佳选择方案”（Best Alternative to Negotiated Agreement 或者 BATNA）。这个概念首先由哈佛大学谈判项目在 *Getting to Yes* 中首次提出并使用。①

BATNA 中设计的四个问题是：如果不能同意对方的要求，应该采取何种行动？如果与对方持有不同意见，对方将会采取何种行动？需要研究对方的同意以便获得己方希望的解决方案吗？对方需要己方同意以

---

① Anne Laws. 商务谈判技巧［M］. 北京：人民邮电出版社，2008.

便获得己方希望的解决方案吗？需要遵循的原则是：不应该签署那种置己方于比 BATNA 境遇还要糟糕的协议；己方所制定的“可接受的”目标应该优于 BATNA。

最大的损失

另外一种考虑最低目标的方式是问自己：“如果不同意对方的要求，我最多可能会失去什么？”如果损失微乎其微，可以慷慨大方一些；如果己方会失去很多，己方就没有能力向对方做出太大的让步。

1.1.4　研究对方

充分了解对方是谈判成功的一半。厘清以下三个方面的问题至关重要：

- 将与何人谈判？
- 对方属于何种类型的人？
- 对方将希望通过谈判达到何种目的？

查清对方的公司、部门、文化背景及国家。可以通过阅读该公司的文献资料，同以前和对方打过交道的同事沟通、了解情况，尽可能多地收集对方的相关信息。如果可能，了解对方谈判人员的个人性格特点也是非常有帮助的。

1.1.5　交换信息

见面之前与对方交换各自需要的信息是很好的做法。例如，需要会见对方，就一份法律合同的内容进行磋商，己方可以在见面之前将文件的拟定稿抄送给对方。这样，对方会准备得更充分，这为面谈节省了大量的时间。

1.1.6　评估对方的利益

将己方置身对方的位置，考虑对方将要通过谈判达到的目的。站在对方的立场考虑以下两个问题：

- 对方的兴趣是什么？
- 己方的意图是什么？

1.1.7　共同的利益

当双方就某个问题不能立刻达成一致或者提出解决方案时，寻找双方可能存在的共同利益或兴趣是非常重要的。这将营造一个良好的谈判氛围，从而有助于达成协议。谈判作为建立和保持长期关系的一部分尤为重要。

1.1.8　准备讨价还价

计算己方可能与对方交易的价值，千万不要轻易地将任何利益给予对方。有些东西对己方可能毫无价值，但对对方却极其宝贵。将打算交易的产品价值全部叠加起来，如果成本太高，就不会实现己方理想的目标，因此，应该重新考虑已经呈报的一揽子交易对象。

1.1.9　优点与缺点

谈判中，甄别各方的优势与劣势：如果己方处于优势地位，就可以希望获得更多；反之，己方就可能向对方做出较大的让步。如果两者皆有，应做好和解的准备以便达成协议。决定优劣势的因素各有不同，可以是相关信息掌握的情况、财力状况、权威地位、时间及准备情况等等。

提示：

己方理解的优劣势可能与对方的不同。

1.1.10 准备一份表明意图的陈述

陈述也即概述，是真正认识谈判对手及其意图的一个投石问路的时机，应以简明扼要的方式，让谈判对手了解自己的谈判意图和目标，简短明了地表明观点，语气轻松，不要拐弯抹角，也不要和盘托出。同时，另一方在对方陈述时要认真倾听，并注重记录和分析。总的说来，双方发言时间要平分秋色，不要一方突出表现，一方面失礼，一方面也容易“言多必失”。

提示：

初始阶段意图的陈述是非常重要的，因为对方会对己方做出判断，表现出高度的自信非常必要。

可以在卡片上做笔记，这样就不必从发言稿纸上通读陈述了。卡片笔记提示您需要提到的全部重点内容。

1.1.11 谈判人员

许多非正式谈判是在个人之间进行的。但是，一些涉及更加复杂问题的谈判，如重大的国际贸易项目的谈判，就会是一个谈判团队。

如果是一个谈判团队，则要考虑需要的技巧及成员各自的角色。有时，设立一个“观察员”（an observer）来做记录，一个“总结者”（a summariser）来及时总结已经达成一致的内容是非常有帮助的。

谈判之前，需要事先考虑安排如下事项：

- 谁来主谈（谁来提出报价还价/谁做总结/达成某项协议时，谁来做决定）

- 谁来核实对方言辞的含义
- 谁来核实事件的真实情况
- 谁来做笔记
- 谁来提问
- 谁来回答对方的提问

1.2 建立友善的关系

这一阶段的任务是双方谈判人员见面相识、彼此熟悉、建立友情，共同为谈判创造一个和谐、友善的气氛。

谈判活动开始时，如果是初次打交道，应相互介绍或自我介绍。对人员进行介绍时要落落大方，介绍完毕要相互握手，在称呼、介绍等礼节方面要尊重对方的习俗，不可勉为其难。为了消除双方的陌生感，在见面、介绍、寒暄之后不宜马上切入正题。如果刚步入谈判厅，只简单地互相致意一下，双方感情都没来得及沟通，甚至都没能相互注视看清，气氛还未融洽，而一方就马上提出谈判事宜，势必使对方感到过于严肃和压抑，防范心理自然产生，气氛必然紧张起来，在一定程度上，加大了谈判继续下去的难度。因此，一般都以中性话题开头，如气候、季节、时势、新闻、谈判地点所在的城市、个人爱好、共同爱好等等，以缩短感情距离。但这种与谈判内容无关的开场白时间不宜过多，一般应控制在 3 ~ 5 分钟就够了，不然过分闲聊会显得离题。

提示：

在许多谈判中，与对方建立良好的关系是非常重要的。它有助于建立一种友好、积极的会见气氛。在此阶段应做到以下几点：

- 欢迎来访者（或者回应对方的欢迎、问候）
- 介绍本人及同事
- “聊天”（small talk）以便建立友善的气氛

进入会谈正题是双方都期待的，进入正题最理想的方式是以轻松、自然的语气先谈些双方容易达成一致意见的话题，如："我想先和您商量一下今天会谈的话题，您看好不好?"或者"我们先把今天会谈的程序确定下来，您看如何?"从表面上看，这些问话无足轻重，但以商量的口吻开头，既能体现尊重对方、愿以平等态度商讨问题的诚意，同时也最容易得到对方肯定的答复。

1.3　磋商：开始谈判

这一阶段是谈判的初始阶段。在该阶段，您应该更加了解对方并发现对方进一步的意图及目的。具体需要做到以下几点：

1.3.1　陈述目的、制定议程

当谈判开始时，双方应从讨论各自的观点、说明各自希望通过会谈达到的目的作为开端。只有双方了解他们讨论的内容及为何会谈的原因，谈判才能取得成效。做到这一点，有助于避免误解，同时有助于将精力投入到要重点讨论的问题。

另外，制定谈判议程也是必要的。切记不要单方确立议程，这样容易引起对方的反感；相反地，您可以提出建议并与对方取得一致意见。

1.3.2　说明意图

通常情况下，双方要做开篇陈述。在陈述中，应该做到：

- 表明与对方会谈的原因
- 阐述相关事宜的观点
- 说明意图及希望取得的成效

提示：

糟糕的谈判者总是说得太多，听得不够。

1.3.3 核实并明确对方意图

谈判之前，需要揣摩对方可能的意图。谈判开始后，需要确定您的猜测和判断是否正确。如果错了，可能需要对计划好的策略做出一定的调整。如果有不明白或不肯定的事宜，应该询问对方以便澄清事实真相。

本阶段主要的目的是增进双方彼此进一步的了解。己方需要掌握对方希望通过谈判得到什么，同时还要确保让对方知晓己方的意图。

1.3.4 纠正对方的事实性错误或者遗漏的信息

在某些谈判中，一方所陈述的事实可能是不正确的，或者一方没有意识到应该重点考虑的问题。当不同意对方告知的信息，应该说明不同意的原因。态度应该友好而诚恳。即使向对方的陈述提出挑战也不要表现得咄咄逼人。

总之，明示阶段标志着谈判已进入实质性问题的磋商洽谈，谈判双方在各自陈述自己本次谈判的目标、要求、意图时千万要注意该说的要表达清楚准确，不该说的一点也不要说，切忌轻易表露自己的内心世界和商业秘密，否则，一旦对方了解了你的动机、权限及最后期限，对谈判就会产生不利的后果。相反，在明示阶段要学会“听”的艺术，专心致志地听出对方谈话的真正含义，并恰当地运用问话或插话形式引导对方透露更多隐含的内容，想方设法使对方在兴致勃勃的谈吐中表达出对我方有利的内容。还要注意观察对方在陈述过程中的潜台词和心理变化、体态语，把握对方的动机、权限及最后期限，以争取主动权。

在明示阶段因为要各自提问、摆观点，很容易发生分歧，矛盾就摆在了桌面，如果操作不当，刚才还友好、轻松的谈判气氛一下子紧张起来，充满火药味，甚至即刻爆发，所以要注意发问的技巧。谈判中的发问，是为了开辟话题，互相沟通，以便进一步商谈。

1.4　提议

讨论阶段，双方交换、沟通各自的意图，知晓了双方谈判的目的。在此，您应该对解决存在障碍的办法有了一定的见解。在谈判的提建议阶段，应着手寻求克服障碍的方法。

通常，该阶段的程序是：

- 一方提出议案。
- 另一方做出回应。该方可能同意此提议，或者提出异议，也即反议案（a counter-proposals）。

1.4.1　提出议案

提议是关于如何达成协议的建议。提议是“策略性的”，以纲要的形式陈述，在此阶段，不要过多地让自己纠缠于细节的东西。提建议是在探试对方达成协议的意愿。

提示：

邀请对方对您的提议发表看法。例如，“您认为如何?”或者“不知您是否可以接受本项提议?”

1.4.2　回应：反议案

当一方提出建议，另一方往往通过提出反建议或其他变通方案做出回应。在某项协议达成一致之前，各方可能要提出不止一个不同方案，这是很正常的。有经验的谈判者不会立刻提出反议案，因为这被看作是不同的意见，而不是新的建议。

提议案时需要做到：

- 保持肯定、自信的态度。
- 注意观察对方的反应；注意倾听对方的看法。
- 如果对方持否定的态度，要求对方解释原因。

回应议案时需要做到：

- 保持肯定、自信的态度。
- 不要打断对方做提议，当对方讲完后再做出反应。
- 对方需要理解您的想法。如果有不同意见，应说明原因。

提示：

解释不同意对方提议的原因以便对方提出新的方案或反议案。

1.4.3 信号：做出让步

“信号”（a signal）是一种语言符号，它可能表明在某个问题上还存在谈判的空间。对方陈述观点的同时可能也在表明愿意——做出让步的信号。例如，“我们通常的做法是给一千件或以上数额的订单百分之十的折扣”，所得到的信号是：这是他们的惯例做法，或许在某些条件下他们会给出更高的折扣。所以，我方可能做出的回应为：“但是如果我们现在订购两千件，且三个月后追加两千件，是否可以给我们更高的折扣？”

提示：

听话听音。当感觉捕捉到了信号，就应该做出积极的反应。

值得注意的是，信号的判断可能不准确。无论如何，通过提问核实您的判断是必要的。例如，当听到“我不敢肯定我的同事对此建议是否赞同”，这句话可以理解为：但是如果您能够做出某些保证，他们可以被劝服。我方可能的答复是：“如果我们给您提供一份正式的保证书，那会有助于消除他们的疑虑吗？”

1.4.4 信号：明确表达己方意图

在国际谈判中，清楚地表明己方要提出问题的意图或者提出建议是非常有帮助的。例如，“我可以问一个问题吗”、“我能否提议……”、“我愿意提几个建议”等等。

1.5 讨价还价

讨价还价指一方报出开盘价后，另一方对价格做出的反应。当然，无论是讨价还是还价，都需要建立在充分的准备基础之上，即将对方报价的原因、依据进行总结、推敲，计算出对方虚价的大小，了解其意图，分析彼此报价差距，通过寻问交流，明确主攻方向进而设计对策。

在提议阶段，各方都提出如何能够达成协议的建议，他们都在寻求共同利益并且试图了解另一方希望获得的成果及其原因。在讨价还价阶段，各方都真正开始交易，没有来自双方一定程度的让步，达成协议是不太可能的。

1.5.1 两种常用方式

- 将提议（offer）与条件（condition）联系起来

如果对方同意做其他事项，您将同意做某件事。因此，在语言表述上可以使用条件句，例如“如果…，那么…”，最好在表明提供做某事之前先提出条件。例如，“如果您的订单数额超过两千份，那么我们将为您提供百分之二十的折扣率”，这会避免谈话被打断，因为对方会等到最后提议的报出。这也是一种意向的陈述，而不是一个问题。再如，“如果给我们一个长期合同，我们会将价格降低百分之五”。

- 使用假设问句提问

使用假设问句询问对方如果己方同意做出让步，作为回报对方会怎样做。假设问句邀请对方做出相应的反应。例如，“如果我们提供更多的资金来加速完成这个项目，你们做些什么？”

提示：

你方还没有做出任何让步，但是，告诉对方如果对方做出合理的让步，你方可能做出的妥协。

1.5.2 做出让步与获得让步

让步是谈判中所保持的原有态度发生的改变。做出让步意味着己方向对方提供某些额外的事情。作为回报，己方希望对方做出某些让步。讨价还价是在做交易，而不是给予。在要求获得希望得到专门条款的同时，作为回报，如果他们同意接受，您也在向对方提供相应的优惠保证。在此阶段，作为谈判者，应该采取灵活多变的策略，在适当时候做出某些妥协。

提示：

交易对自己来说价值不大，但对对方来说却是极具吸引力的东西。

1.5.3 有原则的讨价还价

谈判者的态度可以被描述为下列三种之一：

- 软弱的谈判者为了达成协议会轻易做出妥协。
- 强硬的谈判者不愿意做出任何让步且试图让对方屈服，接受自己的建议。
- 有原则的谈判者不但考虑己方的利益还兼顾对方的利益；同时，寻求共同点、达成让双方都满意的协议。①

有原则的谈判者通常会签下更好的协议，因为：

- 协议能够满足双方的愿望。
- 协议可能是长期的、更有保证的。

在讨价还价阶段，己方可能会拒绝对方提出的部分建议；对方也有

---

① 在 R. Fisher 与 W. Ury 所承担的哈佛大学谈判项目中首次提出。

可能拒绝己方的议案，重要的是在谈判中始终保持灵活多变、积极肯定的态度。

1.5.4　谈判破裂

双方利益相去甚远、不能取得一致意见，谈判因此失败也是可能的。即使谈判艰难、进程缓慢，也不要轻易放弃。可以尝试以下做法：

- 总结目前已经达成的一致意见。
- 尝试提出新的问题。
- 保持镇静。不要暴露出对对方的不满。
- 牢记己方的“谈判协议的最佳选择方案”。
- 尽力为未来的磋商敞开大门。

1.5.5　达成协议（reaching settlement）

成功谈判的最后阶段是达成协议阶段。各方皆认为通过进一步讨价还价也不可能有任何收获了，所以停止磋商。

1）协议

讨价还价不应该无谓地进行下去，如果您同意对方提供事项，就应该明确表明同意的态度。协议的达成应满足以下条件：

- 双方皆认为他们已经从对方处得到了应该得到的。
- 双方对于相关条款表示满意。

达成有效协议包括三个重要阶段：

- 双方必须承认达成了一项协议。
- 协议涵盖了全部事项。
- 双方必须了解协议中的详细内容。

2）双方的确认

如果就某项事宜达成了协议，需要双方对此确定无疑。双方应该表示他们同意议案。

3）确保协议涵盖了全部内容

协议应涵盖所有重点事项。如果有遗漏，日后会产生更多的分歧，协议可能会终止；如果意识到任何尚未取得一致通过的事项，应该提醒对方的注意；如果认为全部事宜已经讨论过了，向对方核实是否还有未尽事宜希望讨论。有时，在某些事项缺失的情况下也可达成协议，条件是这些事项并不重要。

4）充分了解所达成协议的内容

每个人了解协议的具体内容并且无任何歧义非常重要。

5）安排善后事宜

在此阶段，安排跟进的谈判是首要任务。协议应该付诸实施。如果该协议须有更高级别负责人、部门签字同意，那么，谈判还没有最终完成。

6）结束谈判

当全部未来行动方案已被签字通过且双方都准确无误地清楚各自的责任，谈判就可以完满结束了。

提示：

以友好的方式结束谈判，感谢各位的参与。分手前，要像谈判开始时一样，与对方简单交谈、友好话别。

2 谈判的基本方法

谈判的目的是与对方达成一份令人满意的协议。创造良好的氛围有助于协议的达成。创造良好的氛围包括与对方建立友好的关系、具有高超的交际手段及处理任何突发事件的能力，同时，注意身体语言的使用、与对方可能存在的文化差异。

2.1　身体语言（body language）

身体语言是指谈判中人体外表的各个部分通过其动作传递的信息和表达的意愿。在两人面对面的沟通中，55%以上的信息是通过无声的身体行为语言来实现的。它包括目光、表情、身体运动、触摸、体态、身体间的空间距离等在内的非言语性的身体信号。身体行为语言在人际沟通中有着口头语言无法代替的作用。①

许多人相信可以通过识别身体发出的信号了解人的态度和感觉。注意观察这些信号有助于谈判者勾勒出一个人的形象，获得对他的总体印象。

2.1.1　积极与消极的身体语言

身体语言会因文化的不同而有所不同。在西方文化中，有些被认为是积极的身体语言，而有些则被看作是消极的。

1）积极的身体语言

积极的身体语言表明此人对谈判持有积极、肯定的态度；对商谈感兴趣并努力寻求达成协议的办法。

例如：

对方的体态	可能传递的含义
听讲时，身体前倾	对所讲的内容感兴趣
谈话时与对方保持目光的接触	感兴趣或者他们在讲真话
坐姿挺拔	有信心、感兴趣
身体呈放松的姿势	有信心

① 李昆益．商务谈判技巧［M］．北京：对外经贸大学出版社，2008．

2）消极的身体语言

消极的身体语言表明此人对达成协议不感兴趣；不愿意听取对方的陈述或意见、不打算签署协议。此人可能有敌意或对谈判不感兴趣。

例如：

对方的体态	可能传递的含义
低头且不看对方	对谈话不感兴趣
双臂交叉胸前，坐姿挺拔或后倾	处于防御状态；可能不喜欢对方的讲话
紧握双拳	处于防御状态或很沮丧
用手遮盖口鼻	紧张或没有讲实话
看手表或时钟	无聊

3）手势

当某人变得激动或对某事产生强烈情感时，可能是用夸张的手势。例如，挥舞手臂、用手指指点点或用拳头捶打桌子等。

提示：

谈判中夸张的手势可能会扰乱对方的心情，应避免使用。

镜像

有时，当两个人交谈时，其中一位可能会模仿另外一位的身体动作或姿势，这种现象被称之为“镜像法”。当看到一方身体前倾，另外一方也做出同样的动作就是一个例子。许多人认为镜像是对方愿意表示友好并希望有一个良好的谈判氛围的信号。

4）应该控制自己的身体语言吗？

注意身体语言及其含义是非常重要的。为了向对方发出某种信号而故意改变自己的举止是不明智的。谈判中，应保持自然、得体的姿态。正确理解身体语言有时并非易事。时刻注意身体语言信号固然有益，但是也应该清楚您的理解可能是不准确或是错误的。

谈判中注意自己的身体语言，同时，考虑向对方发出的信息，切忌使用夸张的姿势。不要使用任何可能冒犯对方文化习俗的手势或身体语言。在国际谈判中，来自不同文化的人给出的信号可能各有不同。例如，在西方文化中，从上到下点头通常表示同意；从右到左摇头则表示不同意；在另外一些文化中，这些身体活动表达的含义可能完全相反。

提示：

如果谈判的另一方来自完全不同的文化国度，核实可能存在的任何身体语言的区别。

2.2　和睦共处

沟通是谈判中最重要的部分。关系不融洽，沟通就会出现问题，谈判则很容易破裂。如果与对方建立友善的关系，将会产生积极、肯定的谈判气氛并且可能更快地达成协议。

在国际谈判中，因语言与文化的不同而极易产生误解，与对方和睦相处变得尤为重要。如果双方关系融洽，错误会被原谅，误解会更少出现。

2.2.1　建立友善关系

建立友好关系的六种基本方法：

- 谈判前、后及间歇期间与对方聊天
- 站在对方的立场，表示出兴趣
- 提议或讨价还价时，表明认真考虑了对方的利益
- 保持乐观、向上的态度。如果对方持消极态度，通过提问查明原因。
- 使用正确的身体语言
- 不要冒犯对方的风俗习惯

2.2.2 语言

言语的选择同样会影响与对方的关系。不要太率直，应使用策略性言语。

2.2.3 发出信号

向对方发出信号，告知下一步的打算。在国际谈判中，当对方不能很快理解己方意图时，这一点变得尤为重要。

提示：

提示对方时做到：

- 向对方讲清楚己方在做什么
- 鼓励对方倾听己方将要讲什么

2.2.4 避免斗气的评论

避免使用过激言辞。例如，当谈判者大肆宣讲他们的提案有多么好时，这就有可能引起对方的反感，对方认为他们有能力自己做出正确的判断而不愿意别人对他们指手画脚。以下言论都可能导致对方的不快：

- “对此您缺乏足够的经验……”
- “我比您有经验……”
- “我不理解这有何用。”
- “我对此不感兴趣。”

提示：

尽量用积极的方式处理问题，而要避免个人的、消极的评论；不要显示己方如何慷慨大方。

2.2.5 避免威胁的言论

如果对方遭到威胁或攻击，他们会变得更加戒备。例如，批评就是一种形式的攻击，他鼓励被批评者做出反抗。这种抵抗也像是一种攻击，由此，这种行为会继续下去，形成恶性循环。

2.3 文化

来自不同文化的人谈判的方式可能会有所不同，如果存在差别，谈判者应该对不同之处倍加注意。

因对文化差异的忽视，国际谈判中商贸活动不顺利、钱财的大量浪费不乏其例。忽视文化差异可能导致的后果有：

- 不能赢得对方的尊敬
- 误解对方的言行
- 引起无端的冒犯

以上行为均可导致谈判的破裂。故有的成见颇具危害性，谈判前，应该深入调查、了解对方的文化背景。

提示：

谈判中注意观察与谈判前的调查研究同等重要。应该多多观察他人的言谈举止，不要期望拥有同一文化背景的人们举手投足完全相同。我们都是不同的个体！

以下几个方面是在国际谈判中需要考虑的：

2.3.1 良好氛围的建立

对于有些国家来说，谈判开始之前建立一种友善的关系非常重要。这有助于彼此建立和保持信任与和睦的关系。良好的气氛可以通过双方初次会见时尽量花时间交谈与生意无关的轻松话题建立起来，过早进入正式谈判可能会引起对方的反感。

2.3.2 决策的制定

多数国家的习惯是在谈判中签署协议，另外一些国家的做法却有所不同：

- 会谈期间很少做决定。
- 谈判情况会上报总部，然后由上级领导做出决定。
- 上级领导可能会出席会谈，但只是旁听，不参与具体讨论。

提示：

对于一些文化来说，初次会面只是为了“探视”对方——熟悉谈判气氛，查明是否能够与对方建立友善的关系。初次交谈中他们不打算做出任何重大决定。

2.3.3 信息资料

在一些文化中，谈判者会提供给对方大量的相关信息；在另外一些文化中，谈判者所提供的材料却极其有限，一般情况下，他们愿意提供对方需要的文献资料，但是只有当对方提出要求时才会提供。

提示：

谈判前明确己方所需要的信息资料。与对方事先沟通各自所需的信息以便谈判时向双方提供，或准备好会见时需要提问的问题以便获得所需信息。

2.3.4 时间观念

不同国家对时间持有的态度各有不同。在一些国家，按照约定的时间准时开始会谈是极其正常的；在另外一些国家，准时并不十分重要，会谈开始的时间往往比计划的要晚得多。

2.3.5 礼节的形式

在一些国家，人们会面时非常郑重其事，在工作期间更是如此；而在另外一些国家，非正式的会面更受欢迎。重要的是，谈判中双方对于正式或非正式礼节的程度都感到舒适；在称呼、衣着、名片、社交、上下级关系、正式语言及外交辞令的使用方面应该给予足够的重视。

2.3.6 身体语言

有些国家，谈判者非常注意观察对方的反应、身体语言及举止行为，他们可能并不完全在意言语表达的内容——对于初次会面来说，这一点或许很重要。

2.4 外交辞令

有经验的谈判者会使用外交辞令。谈判中如何表达思想与观点可能会起到至关重要的作用。

2.4.1 使用肯定的语言

谈判时，应该寻求能够满足双方利益的方案。为了使谈判取得成效，使用肯定性语言且避免否定性语言很重要。例如，不要说“我们完全不可能同意您的建议”而最好说“我方很难接受这项建议，让我来就此做一下解释”。

2.4.2 避免使用“直率”的语言

“直率”意思是过于直接，讲话者丝毫不讲究策略。喜欢陈述观点而不考虑听者感受的人经常以此种方式讲话。“直率”的语言通常是无礼且具有冒犯性的，它来自不十分了解你的人，像“你错了”、“我认为您应该做出解释”及“这个想法太愚蠢了”都属于过于直率，应避免使用，正确的表达应为：“恐怕这不是我们所理解的”、“请再详细地解释一下好吗?”以及“我们可否从另外一个角度来看待此问题”。

2.4.3　向对方求证

如果对方使用模糊的语言，而己方又没有弄清楚，应该继续磋商直到理解对方真正的含义。例如，“请再明确一下您的观点好吗?”（不要直接地说“我不明白你在说什么”），或者“能解释一下吗?”（不要说“你说的不够具体”或“你到底想说什么?”）

2.4.4　不要指责对方

说话方式不要让对方感觉是在指责他们做错了事情，有时可能会把对方搞糊涂，但是，不要因此批评指责对方，正确的说法是“我有点不明白您所说的”或者“关于这一点我有点不明白”，而不要说“你把我弄糊涂了”或者“这太让人费解了”。

2.4.5　为对方着想

一个谈判者必须时刻认真考虑对方的观点及他们希望达到的目的，这是达成令人满意的协议唯一的办法。可以通过使用外交辞令（如，“您认为……如何?”），帮助对方想象预期的结果（如，“如果我们给您百分之十的折扣，那会怎样?”）以及表述己方的情感来达到目的（“很高兴贵方能同意此项提议”）。

2.5　问题的处理

谈判并非易事。谈判初期双方应该就希望产生的结果各抒己见。谈判者应具备的技能就是寻求共同点并提出令双方都满意的解决方案。

谈判中可能会经常出现各方意见大相径庭的情况，有时甚至产生冲突。以下因素可能是导致冲突产生的原因：

- 缺乏信任
- 误解
- 不同的目标
- 竞争

2.5.1 成功的谈判：解决冲突

作为谈判者应该为可能出现的问题随时做好心理准备并且保持正确的态度：

- 注意有可能产生问题的动向
- 允许对方持有不同的观点
- 勿让问题毁掉谈判
- 问题是可以解决的

在许多谈判中，当磋商处于崩溃的边缘时都可能会出现一个关键时刻。双方之间产生分歧时，谈判者的任务就是化解冲突，防止谈判因此而破裂。

2.5.2 避免冲突：解决信任危机

谈判双方彼此之间可能缺乏信任。产生的原因有二：

- 不了解对方
- 双方之间存在的文化差异

为了消除相互的隔阂，谈判前调研可能存在的文化差异。谈判期间，保持开放的态度，积极表达己方的情感与兴趣，应做到：

- 尊重对方的情感；尊重有利于建立信任与沟通的言行
- 不发表代表个人观点的言论
- 努力解决问题
- 不将问题与某个个人联系起来

- 不将问题同对对方的不信任联系起来

2.5.3 避免冲突：消除误会

导致冲突产生的原因有二：

- 对方没有正确理解己方的观点
- 己方不理解对方的观点

这种现象甚至经常出现在来自同一国家的谈判双方，更不用说对于来自不同国家与文化的谈判双方了。正确理解一种外语有时会很困难，为了避免冲突、消除误会，应做到以下几点：

- 认真倾听对方讲话，允许对方把话讲完，如果考虑接下来说什么，就不可能听讲。
- 注意观察对方
- 向对方核实对对方陈述的理解

2.5.4 避免冲突：兼顾不同的目的

己方的目标会不同于对方的目的，这也是为什么人们需要通过谈判寻求解决方案。避免冲突，兼顾不同的目的应做到：

- 警惕可能出现的任何问题
- 质疑（我为何会遇到这样的问题？）
- 寻找共同点、解决问题的办法（让我们从另外一个角度考虑这个问题。）
- 提建议
- 积极推动谈判进程（如果我方……，贵方会……？）

2.5.5 避免冲突：正确面对竞争

当双方将各自看作是竞争对手时，寻求解决问题的方案就可能变得异常艰难。竞争对手之间很容易发生冲突，避免矛盾的产生应做到：

- 切记会面是为了谈判。双方都应将重点放到寻找解决问题的办法之上。
- 使用谈判技巧

如果发现对方在试图使我方上当受骗，应该对他们的言行提出挑战。向对方明示我方已经识破这一计谋，同时保持镇静，以解决问题的方式、态度与对方斡旋。

提示：

不要变得咄咄逼人；不要威胁对方。

2.5.6　应付谈判破裂

休会

- 请求短暂休息
- 利用间歇与团队其他成员讨论该问题
- 分析导致破裂的可能原因

恢复谈判

复会时做好以下工作：

- 总结目前为止已经取得一致意见的事项
- 总结产生促使谈判濒于破裂的原因
- 开诚布公地讲明谈判失败的后果

此阶段谈判者应保持镇静，同时做到开诚布公而不要遮遮掩掩。

在产生分歧时，一方面可启用己方的变通方案；另外一方面，己方期盼好于“最佳选择方案”的结果，对方也希望如此。因此，谈判中始终保持乐观向上的态度非常重要。

3　评估

3.1　谈判的准备

谈判开始之前回答该清单上列出的问题。您的回答将有助于核查谈判的准备是否已经令人满意。

3.1.1　准备清单[①]

准备清单		
我的目标	**是**	**否**
1）我明确了谈判的目标吗？		
2）按重要性，我排好了目标的优先顺序了吗？		
3）我决定了在这些目标中必须完成哪一项了吗？		
4）我决定这些目标中我希望实现哪一项了吗？ （这些目标是在谈判顺利时您希望取得的，但是如果您不能达到这些目的，您也不会拒绝签订某项协议。）		
5）我是否明确了这些目标中哪些是我愿意实现，但是并非是这次谈判非常重要的内容？ （如果我实现了这些目标，谈判结果就成功地超出了我的预期。）		
谈判协议的最佳选择方案（BATNA）		
6）如果不能达成一致意见，我知道接下来做些什么吗？		
7）我是否明确我方的最佳选择方案？		
信息		
8）我是否已经掌握了全部的可能用于支持我方辩论的必要信息？		

① Anne Laws. *Negotiations* [M]. 北京：人民邮电出版社，2008：137 - 140.

对方
9）您了解对方吗？
10）（如果9的回答是“不是”，回答本题。） 我能够收集更多关于对方的信息吗？ 如：他/她是谁？ 他/她的职位是什么？ 他/她的经验如何？
11）对方来自哪个国家？
12）会存在文化差异吗？（见《跨文化调查问卷》）
13）我方考虑对方的利益了吗？
14）我方考虑对方在谈判初始阶段可能采取的态度了吗？
15）我方考虑如何说服对方接受我方的意愿了吗？
16）我方考虑对方可能拒绝接受我方提议的原因了吗？
17）我方明确双方的共同基础了吗？
18）我方考虑为了达成一致可能做出的妥协了吗？

3.2.2　词汇表

如果谈判使用的语言为英语，我们有时会忘记所需要的重要单词或词组，将可能使用的词汇列出清单——做词汇表只需列出有可能忘记的单词或词组，无需包括能够熟练使用的词汇。

3.2　跨文化清单

用此清单准备同来自不同文化背景的对方谈判。考虑对方之前首先弄清楚自己国家做事情的方式，然后再考虑可能产生的差异。

跨文化清单			
建立良好的氛围	**是**	**相当重要**	**否**
花费大量时间进行闲谈/闲聊有必要吗？			
在我的国家，我们喜欢马上进入正题吗？			

礼节	**正式**	**依据情况而定**	**非正式**
在我的国家，商贸活动采取的方式是正式还是非正式的？			
称呼的方式			
衣着（商务会谈）			
语言			
（任何其他礼节？）			
握手	**是**	**依据情况而定**	**否**
己方文化中，同见面的人握手是一种习惯吗？			
幽默	**是**	**依据情况而定**	**否**
在我的国家，商务会谈时允许使用幽默的语言吗？			
信息交换	**是**	**依据情况而定**	**否**
在我的国家，人们通常在没有被要求的情况下主动交换信息吗？			
我方允许在谈判过程中出现干扰吗？			
（如，接听/打电话）			
对方希望我按时到会吗？	**是**	**有时**	**否**
在会场签署协议是我方的惯例吗？	**是**	**有时**	**否**
在我的国家，通常的做法是会后与上级或同事商谈后再签署协议吗？	**是**	**有时**	**否**
在我的国家，身体语言很重要吗？	**是**	**有时**	**否**
什么身体语言被认为是肯定的？			

4 七宗致命错误

4.1 信誉的丢失

谈判过程中，没有什么能够比被对方认定为是在说谎更具有破坏性的了。我们没有必要同言行不可靠的当事方进行谈判，因为即便达成了协议，也有可能不被完全执行。谈判合作需要人品正直，若某人总是回避甚至支吾其词，即使某项陈述是真实的，也容易被对方怀疑，尽量提供文件资料或其他支撑材料以便减轻或消除任何怀疑。不要许诺自己做不了的事情。夸大其词的好处只是暂时的，而伤害却是长久的。

4.2　意外事件

不要将坏消息留到谈判的最后。如果某个问题可能会成为绊脚石，尽早将其摆在桌面上。谈判中，越早将问题提出，解决问题的方法就越多，问题得到成功解决的可能性就越大。拖延只能提高困难程度，而且，最后通告可能会被对方看作是信誉恶劣的表现。

4.3　争论或威胁

如果谈话变成了争吵，终止谈判直到双方重新控制住情绪、心情恢复平静为止。争吵不可避免地导致威胁。成功的谈判需要双方建立并保持一种最基本的工作关系，这种关系不太可能面对威胁还能存在。

4.4　低估对手

表象可能具有欺骗性。不要认为你的对手看起来很愚蠢，同样地，不要试图让自己表现得比对方更聪明。这种尝试往往是徒劳的。而且，一旦该企图被识破，招致的后果会是信誉的丧失。更重要的是，因此获得的利益都是暂时的，受害人迟早会发现他或她被愚弄了，并会想尽办法不受协议的约束或寻求办法以便报复。

4.5　讨价还价

在世界某些地区，如中东或印度的集市上流行一种谈判的形式，卖家在一开始就报出很高的价格，买家则提出很低买价。然后，双方再进行讨价还价，直到精疲力竭。这种方式可能会在某些地区好用，但不适用于许可谈判。这种“地位式的讨价还价”风格本质上是敌对的且易于对较强意志的一方有利。在这里，求与供两者都是武断的，只是为了展示，缺乏机制或基础来弥合双方之间存在的差距。

报价与还价应该在合理的基础上进行，报价应该附有理由或公式。

报价时提供理由使得一方避免看起来武断——即使高报价被拒绝。而且，通常可以通过对这个基本计算方式进行合理的调整使双方之间的差距得以弥补。

4.6 反对自己的谈判

某个报价被拒绝接受，谈判气氛变得凝重，随后拒绝接受报价的一方打破僵局，提出一个新的、较低的价格。如果沉闷的气氛仍然持续，又一个报价可能被提出。一次比一次低的价格可能被一次次地提出，直到达到底线——这被称为与自己的谈判。每当一方提出一个新的报价并且没有接到还价时，另外一方通常愿意保持静观其变的姿态，不会主动去打破沉寂。

4.7 准备不足

准备不足是谈判最常见的错误，也是最具破坏性的，因为它会导致错上加错。没有充分了解实际情况的谈判一方容易出现陈述错误。对个人情况没有事先做出有条理的发言的一方就容易在后面带来令人不悦的意外。没有一套充分、合理的说明材料来支撑各种观点或说明各种情况，当事方将没有选择权，只能忙于讨价还价。

所需要做的准备包括调查研究：调查你的对手。一个不了解对手目标的谈判方就不可能以最小的代价满足对手的要求。

同等重要的是，谈判建立在有变通办法的基础之上。如果没有可选择的东西，那么可能就没有谈判，而只有让步。切记不要在不知道下一个最佳变通方法时进行谈判交易。

5 成功谈判的七条规则

5.1 目标的确立

行动之前必须要确立目标。在谈判之前就需要制定好目标，一般情况下，目标定义一个最佳谈判结果，它是既乐观又合理的目标；目标还要设想一个最坏结局，这个结果是可接受的底线。任何比最坏结果还要糟糕的情况都应拒绝。

5.2 下一个最佳变通方案

确定目标时，牢记对方的目的。试图获取最大块蛋糕之前，努力扩大蛋糕。确定或订立可接受结果的底线反过来需要明确下个最佳变通方案。如果谈判不顺利，有其他预案吗？如果谈判的结果不能让人接受或者不能令人满意，应考虑其他选择。这个原则表明掌握是否还有其他选择情况的重要性。开始谈判之前，一定要认真研究并制定应急预案。

5.3 谈判策略

一旦目标确立，如何实现目标呢？当然不是靠运气。依据一个合理的方案（与最佳方案紧密相关）和一系列有序的应急预案（每个预案也要辅之以充分的理由），建立有利的地位。应避免提出独断的要价，合理方案的建立并非易事，不可能在激烈的谈判中制定，一定要提前做好准备。

5.4 成员组成

当准备举行晚会时，邀请相处和睦的人来参加是非常重要的——这个道理同样适用于谈判。谈判的第一步就是与对方建立起一种工作关系。如果可能，将已经与对方成员建立关系的人员列入到谈判团队中来。这种关系可能产生于社会交往或者过去的谈判之中，或者产生于曾经在一起共过事的人之间，显然，要避免团队成员在对方团队中有仇敌。

谈判团队还应该包括在处理问题时有决策权的人。许多谈判方会拒绝谈判，直到对方有能够做决定的人出席谈判。在谈判需要调解的情况下，调解员通常坚持双方选派具有绝对权威、能解决问题的人出席。

5.5 船上的舵

没有舵的船是不会将乘客和船员带到他们的目的地的，同样地，没有议程的谈判不会让双方得到他们想要的。一项议程能够确保全部问题得以讨论，同样重要的是，必须有逻辑地按照顺序列出这些问题。

一般情况下，未来许可人希望将重点放在版税上；被许可人则希望探讨相关知识产权的价值。议程不但会使问题得到逐一的讨论，还有助于避免意外事情的发生。

5.6 沟通、沟通再沟通

进行对话之前，没有谈判能够成功，甚至能够取得进展。对话越早进行，进展越快开始，谈判应始于温和的问题，这样才可以创造出一种非对立的气氛，对话才可能真正开始，并带来良好的开端。这还会产生一种双方抱有良好愿望的感觉，并增大未来成功的期望。

5.7 不留死角

随着谈判的进行，将那些争论过的焦点和悬而未决的问题记录备案是至关重要的。在深入谈判之后，双方通常会就某一个问题达成协议，但是，双方的理解是否一致仍然需要进一步核实。多数情况下，各方都只听到了他们想听到的。当双方认为已经达成某项协议，应该由其中的参与人陈述相关条款的内容，确保双方意见一致，对此不存疑议。如果某个个别问题非常棘手，经协商，双方可以将此问题暂时搁置一边，那么，明确双方对该问题本质认识的统一也是非常有好处的。

总 结

也许对于多数人来讲，谈判是一门妥协的艺术。世界著名谈判专家盖温·肯尼迪在其著作《谈判是什么》中明确指出：谈判的目的不是“取胜”，而是“成功”。那么，要成为一名成功的谈判者，有些事情是必须要做的，而还有些事情是不能做的。

谈判之前确定目标；寻求多种应对方案以便确立可能接受的谈判结果的底线；谈判开始之前制定谈判策略；丧失信誉会给谈判进程带来致命的打击；最后阶段的意外事件、与对方争吵及威胁恐吓都应避免；不应低估对手；对于谈判来说，讨价还价不是一个好的方式，缺乏调研和策划的准备是最常见也是最致命的谈判错误。

选择合适的谈判团队成员并为谈判的不同阶段制定议程能够提高成功的可能性；建立对话，尽早取得谈判优势；应及时记录谈判取得的成果并确定双方对此意见完全一致。

第二部分　附录

附录一　中华人民共和国著作权法（2010 最新修正）

中华人民共和国著作权法（2010 最新修正）

（中华人民共和国主席令〈第二十六号〉）

《全国人民代表大会常务委员会关于修改〈中华人民共和国著作权法〉的决定》已由中华人民共和国第十一届全国人民代表大会常务委员会第十三次会议于 2010 年 2 月 26 日通过，现予公布，自 2010 年 4 月 1 日起施行。

中华人民共和国主席　胡锦涛

2010 年 2 月 26 日

中华人民共和国著作权法

（1990 年 9 月 7 日第七届全国人民代表大会常务委员会第十五次会议通过，根据 2001 年 10 月 27 日第九届全国人民代表大会常务委员会第二十四次会议《关于修改〈中华人民共和国著作权法〉的决定》第一次修正，根据 2010 年 2 月 26 日第十一届全国人民代表大会常务委员会第十三次会议《关于修改〈中华人民共和国著作权法〉的决定》第二次修正）

目 录

第一章 总则

第一条 为保护文学、艺术和科学作品作者的著作权，以及与著作权有关的权益，鼓励有益于社会主义精神文明、物质文明建设的作品的创作和传播，促进社会主义文化和科学事业的发展与繁荣，根据宪法制定本法。

第二条 中国公民、法人或者其他组织的作品，不论是否发表，依照本法享有著作权。

外国人、无国籍人的作品根据其作者所属国或者经常居住地国同中国签订的协议或者共同参加的国际条约享有的著作权，受本法保护。

外国人、无国籍人的作品首先在中国境内出版的，依照本法享有著作权。

未与中国签订协议或者共同参加国际条约的国家的作者以及无国籍人的作品首次在中国参加的国际条约的成员国出版的，或者在成员国和非成员国同时出版的，受本法保护。

第三条　本法所称的作品，包括以下列形式创作的文学、艺术和自然科学、社会科学、工程技术等作品：

（一）文字作品；

（二）口述作品；

（三）音乐、戏剧、曲艺、舞蹈、杂技艺术作品；

（四）美术、建筑作品；

（五）摄影作品；

（六）电影作品和以类似摄制电影的方法创作的作品；

（七）工程设计图、产品设计图、地图、示意图等图形作品和模型作品；

（八）计算机软件；

（九）法律、行政法规规定的其他作品。

第四条　著作权人行使著作权，不得违反宪法和法律，不得损害公共利益。国家对作品的出版、传播依法进行监督管理。

第五条　本法不适用于：

（一）法律、法规，国家机关的决议、决定、命令和其他具有立法、行政、司法性质的文件，及其官方正式译文；

（二）时事新闻；

（三）历法、通用数表、通用表格和公式。

第六条　民间文学艺术作品的著作权保护办法由国务院另行规定。

第七条　国务院著作权行政管理部门主管全国的著作权管理工作；各省、自治区、直辖市人民政府的著作权行政管理部门主管本行政区域的著作权管理工作。

第八条　著作权人和与著作权有关的权利人可以授权著作权集体管理组织行使著作权或者与著作权有关的权利。著作权集体管理组织被授权后，可以以自己的名义为著作权人和与著作权有关的权利人主张权利，并可以作为当事人进行涉及著作权或者与著作权有关的权利的诉讼、仲裁活动。

著作权集体管理组织是非营利性组织，其设立方式、权利义务、著作权许可使用费的收取和分配，以及对其监督和管理等由国务院另行规定。

第二章 著作权

第一节 著作权人及其权利

第九条 著作权人包括：

（一）作者；

（二）其他依照本法享有著作权的公民、法人或者其他组织。

第十条 著作权包括下列人身权和财产权：

（一）发表权，即决定作品是否公之于众的权利；

（二）署名权，即表明作者身份，在作品上署名的权利；

（三）修改权，即修改或者授权他人修改作品的权利；

（四）保护作品完整权，即保护作品不受歪曲、篡改的权利；

（五）复制权，即以印刷、复印、拓印、录音、录像、翻录、翻拍等方式将作品制作一份或者多份的权利；

（六）发行权，即以出售或者赠与方式向公众提供作品的原件或者复制件的权利；

（七）出租权，即有偿许可他人临时使用电影作品和以类似摄制电影的方法创作的作品、计算机软件的权利，计算机软件不是出租的主要标的的除外；

（八）展览权，即公开陈列美术作品、摄影作品的原件或者复制件的权利；

（九）表演权，即公开表演作品，以及用各种手段公开播送作品的表演的权利；

（十）放映权，即通过放映机、幻灯机等技术设备公开再现美术、摄影、电影和以类似摄制电影的方法创作的作品等的权利；

（十一）广播权，即以无线方式公开广播或者传播作品，以有线传播或者转播的方式向公众传播广播的作品，以及通过扩音器或者其他传送符号、声音、图像的类似工具向公众传播广播的作品的权利；

（十二）信息网络传播权，即以有线或者无线方式向公众提供作品，使公众可以在其个人选定的时间和地点获得作品的权利；

（十三）摄制权，即以摄制电影或者以类似摄制电影的方法将作品固定在载体上的权利；

（十四）改编权，即改变作品，创作出具有独创性的新作品的权利；

（十五）翻译权，即将作品从一种语言文字转换成另一种语言文字的权利；

（十六）汇编权，即将作品或者作品的片段通过选择或者编排，汇集成新作品的权利；

（十七）应当由著作权人享有的其他权利。

著作权人可以许可他人行使前款第（五）项至第（十七）项规定的权利，并依照约定或者本法有关规定获得报酬。

著作权人可以全部或者部分转让本条第一款第（五）项至第（十七）项规定的权利，并依照约定或者本法有关规定获得报酬。

第二节　著作权归属

第十一条　著作权属于作者，本法另有规定的除外。

创作作品的公民是作者。

由法人或者其他组织主持，代表法人或者其他组织意志创作，并由法人或者其他组织承担责任的作品，法人或者其他组织视为作者。

如无相反证明，在作品上署名的公民、法人或者其他组织为作者。

第十二条　改编、翻译、注释、整理已有作品而产生的作品，其著作权由改编、翻译、注释、整理人享有，但行使著作权时不得侵犯原作品的著作权。

第十三条　两人以上合作创作的作品，著作权由合作作者共同享有。没有参加创作的人，不能成为合作作者。

合作作品可以分割使用的，作者对各自创作的部分可以单独享有著作权，但行使著作权时不得侵犯合作作品整体的著作权。

第十四条　汇编若干作品、作品的片段或者不构成作品的数据或者其他材料，对其内容的选择或者编排体现独创性的作品，为汇编作品，其著作权由汇编人享有，但行使著作权时，不得侵犯原作品的著作权。

第十五条　电影作品和以类似摄制电影的方法创作的作品的著作权由制片者享有，但编剧、导演、摄影、作词、作曲等作者享有署名权，并有权按照与制片者签订的合同获得报酬。

电影作品和以类似摄制电影的方法创作的作品中的剧本、音乐等可以单独使用的作品的作者有权单独行使其著作权。

第十六条　公民为完成法人或者其他组织工作任务所创作的作品是职务作品，除本条第二款的规定以外，著作权由作者享有，但法人或者其他组织有权在其业务范围内优先使用。作品完成两年内，未经单位同意，作者不得许可第三人以与单位使用的相同方式使用该作品。

有下列情形之一的职务作品，作者享有署名权，著作权的其他权利由法人或者其他组织享有，法人或者其他组织可以给予作者奖励：

（一）主要是利用法人或者其他组织的物质技术条件创作，并由法人或者其他组织承担责任的工程设计图、产品设计图、地图、计算机软件等职务作品；

（二）法律、行政法规规定或者合同约定著作权由法人或者其他组织享有的职务作品。

第十七条　受委托创作的作品，著作权的归属由委托人和受托人通过合同约定。合同未作明确约定或者没有订立合同的，著作权属于受托人。

第十八条　美术等作品原件所有权的转移，不视为作品著作权的转移，但美术作品原件的展览权由原件所有人享有。

第十九条　著作权属于公民的，公民死亡后，其本法第十条第一款第（五）项至第（十七）项规定的权利在本法规定的保护期内，依照继承法的规定转移。

著作权属于法人或者其他组织的，法人或者其他组织变更、终止后，其本法第十条第一款第（五）项至第（十七）项规定的权利在本法规定的保护期内，由承受其权利义务的法人或者其他组织享有；没有承受其权利义务的法人或者其他组织的，由国家享有。

第三节　权利的保护期

第二十条　作者的署名权、修改权、保护作品完整权的保护期不受限制。

第二十一条　公民的作品，其发表权、本法第十条第一款第（五）项至第（十七）项规定的权利的保护期为作者终生及其死亡后五十年，截止于作者死亡后第五十年的 12 月 31 日；如果是合作作品，截止于最后死亡的作者死亡后第五十年的 12 月 31 日。

法人或者其他组织的作品、著作权（署名权除外）由法人或者其他组织享有的职务作品，其发表权、本法第十条第一款第（五）项至第（十七）项规定的权利的保护期为五十年，截止于作品首次发表后第五十年的 12 月 31 日，但作品自创作完成后五十年内未发表的，本法不再保护。

电影作品和以类似摄制电影的方法创作的作品、摄影作品，其发表权、本法第十条第一款第（五）项至第（十七）项规定的权利的保护期为五十年，截止于作品首次发表后第五十年的 12 月 31 日，但作品自创作完成后五十年内未发表的，本法不再保护。

第四节　权利的限制

第二十二条　在下列情况下使用作品，可以不经著作权人许可，不向其支付报酬，但应当指明作者姓名、作品名称，并且不得侵犯著作权人依照本法享有的其他权利：

（一）为个人学习、研究或者欣赏，使用他人已经发表的作品；

（二）为介绍、评论某一作品或者说明某一问题，在作品中适当引用他人已经发表的作品；

（三）为报道时事新闻，在报纸、期刊、广播电台、电视台等媒体中不可避免地再现或者引用已经发表的作品；

（四）报纸、期刊、广播电台、电视台等媒体刊登或者播放其他报纸、期刊、广播电台、电视台等媒体已经发表的关于政治、经济、宗教问题的时事性文章，但作者声明不许刊登、播放的除外；

（五）报纸、期刊、广播电台、电视台等媒体刊登或者播放在公众集会上发表的讲话，但作者声明不许刊登、播放的除外；

（六）为学校课堂教学或者科学研究，翻译或者少量复制已经发表的作品，供教学或者科研人员使用，但不得出版发行；

（七）国家机关为执行公务在合理范围内使用已经发表的作品；

（八）图书馆、档案馆、纪念馆、博物馆、美术馆等为陈列或者保存版本的需要，复制本馆收藏的作品；

（九）免费表演已经发表的作品，该表演未向公众收取费用，也未向表演者支付报酬；

（十）对设置或者陈列在室外公共场所的艺术作品进行临摹、绘画、摄影、录像；

（十一）将中国公民、法人或者其他组织已经发表的以汉语言文字创作的作品翻译成少数民族语言文字作品在国内出版发行；

（十二）将已经发表的作品改成盲文出版。

前款规定适用于对出版者、表演者、录音录像制作者、广播电台、电视台的权利的限制。

第二十三条　为实施九年制义务教育和国家教育规划而编写出版教科书，除作者事先声明不许使用的外，可以不经著作权人许可，在教科书中汇编已经发表的作品片段或者短小的文字作品、音乐作品或者单幅的美术作品、摄影作品，但应当按照规定支付报酬，指明作者姓名、作品名称，并且不得侵犯著作权人依照本法享有的其他权利。

前款规定适用于对出版者、表演者、录音录像制作者、广播电台、电视台的权利的限制。

第三章　著作权许可使用和转让合同

第二十四条　使用他人作品应当同著作权人订立许可使用合同，本法规定可以不经许可的除外。

许可使用合同包括下列主要内容：

（一）许可使用的权利种类；

（二）许可使用的权利是专有使用权或者非专有使用权；

（三）许可使用的地域范围、期间；

（四）付酬标准和办法；

（五）违约责任；

（六）双方认为需要约定的其他内容。

第二十五条　转让本法第十条第一款第（五）项至第（十七）项规定的权利，应当订立书面合同。

权利转让合同包括下列主要内容：

（一）作品的名称；

（二）转让的权利种类、地域范围；

（三）转让价金；

（四）交付转让价金的日期和方式；

（五）违约责任；

（六）双方认为需要约定的其他内容。

第二十六条　以著作权出质的，由出质人和质权人向国务院著作权行政管理部门办理出质登记。

第二十七条　许可使用合同和转让合同中著作权人未明确许可、转让的权利，未经著作权人同意，另一方当事人不得行使。

第二十八条　使用作品的付酬标准可以由当事人约定，也可以按照国务院著作权行政管理部门会同有关部门制定的付酬标准支付报酬。当事人约定不明确的，按照国务院著作权行政管理部门会同有关部门制定的付酬标准支付报酬。

第二十九条 出版者、表演者、录音录像制作者、广播电台、电视台等依照本法有关规定使用他人作品的，不得侵犯作者的署名权、修改权、保护作品完整权和获得报酬的权利。

第四章 出版、表演、录音录像、播放

第一节 图书、报刊的出版

第三十条 图书出版者出版图书应当和著作权人订立出版合同，并支付报酬。

第三十一条 图书出版者对著作权人交付出版的作品，按照合同约定享有的专有出版权受法律保护，他人不得出版该作品。

第三十二条 著作权人应当按照合同约定期限交付作品。图书出版者应当按照合同约定的出版质量、期限出版图书。

图书出版者不按照合同约定期限出版，应当依照本法第五十四条的规定承担民事责任。

图书出版者重印、再版作品的，应当通知著作权人，并支付报酬。图书脱销后，图书出版者拒绝重印、再版的，著作权人有权终止合同。

第三十三条 著作权人向报社、期刊社投稿的，自稿件发出之日起十五日内未收到报社通知决定刊登的，或者自稿件发出之日起三十日内未收到期刊社通知决定刊登的，可以将同一作品向其他报社、期刊社投稿。双方另有约定的除外。

作品刊登后，除著作权人声明不得转载、摘编的外，其他报刊可以转载或者作为文摘、资料刊登，但应当按照规定向著作权人支付报酬。

第三十四条 图书出版者经作者许可，可以对作品修改、删节。

报社、期刊社可以对作品作文字性修改、删节。对内容的修改，应当经作者许可。

第三十五条 出版改编、翻译、注释、整理、汇编已有作品而产生的作品，应当取得改编、翻译、注释、整理、汇编作品的著作权人和原

作品的著作权人许可，并支付报酬。

第三十六条　出版者有权许可或者禁止他人使用其出版的图书、期刊的版式设计。

前款规定的权利的保护期为十年，截止于使用该版式设计的图书、期刊首次出版后第十年的 12 月 31 日。

第二节　表演

第三十七条　使用他人作品演出，表演者（演员、演出单位）应当取得著作权人许可，并支付报酬。演出组织者组织演出，由该组织者取得著作权人许可，并支付报酬。

使用改编、翻译、注释、整理已有作品而产生的作品进行演出，应当取得改编、翻译、注释、整理作品的著作权人和原作品的著作权人许可，并支付报酬。

第三十八条　表演者对其表演享有下列权利：

（一）表明表演者身份；

（二）保护表演形象不受歪曲；

（三）许可他人从现场直播和公开传送其现场表演，并获得报酬；

（四）许可他人录音录像，并获得报酬；

（五）许可他人复制、发行录有其表演的录音录像制品，并获得报酬；

（六）许可他人通过信息网络向公众传播其表演，并获得报酬。

被许可人以前款第（三）项至第（六）项规定的方式使用作品，还应当取得著作权人许可，并支付报酬。

第三十九条　本法第三十八条第一款第（一）项、第（二）项规定的权利的保护期不受限制。

本法第三十八条第一款第（三）项至第（六）项规定的权利的保护期为五十年，截止于该表演发生后第五十年的 12 月 31 日。

第三节　录音录像

第四十条　录音录像制作者使用他人作品制作录音录像制品，应当取得著作权人许可，并支付报酬。

录音录像制作者使用改编、翻译、注释、整理已有作品而产生的作品，应当取得改编、翻译、注释、整理作品的著作权人和原作品著作权人许可，并支付报酬。

录音制作者使用他人已经合法录制为录音制品的音乐作品制作录音制品，可以不经著作权人许可，但应当按照规定支付报酬；著作权人声明不许使用的不得使用。

第四十一条　录音录像制作者制作录音录像制品，应当同表演者订立合同，并支付报酬。

第四十二条　录音录像制作者对其制作的录音录像制品，享有许可他人复制、发行、出租、通过信息网络向公众传播并获得报酬的权利；权利的保护期为五十年，截止于该制品首次制作完成后第五十年的12月31日。

被许可人复制、发行、通过信息网络向公众传播录音录像制品，还应当取得著作权人、表演者许可，并支付报酬。

第四节　广播电台、电视台播放

第四十三条　广播电台、电视台播放他人未发表的作品，应当取得著作权人许可，并支付报酬。

广播电台、电视台播放他人已发表的作品，可以不经著作权人许可，但应当支付报酬。

第四十四条　广播电台、电视台播放已经出版的录音制品，可以不经著作权人许可，但应当支付报酬。当事人另有约定的除外。具体办法由国务院规定。

第四十五条　广播电台、电视台有权禁止未经其许可的下列行为：

（一）将其播放的广播、电视转播；

（二）将其播放的广播、电视录制在音像载体上以及复制音像载体。

前款规定的权利的保护期为五十年，截止于该广播、电视首次播放后第五十年的 12 月 31 日。

第四十六条　电视台播放他人的电影作品和以类似摄制电影的方法创作的作品、录像制品，应当取得制片者或者录像制作者许可，并支付报酬；播放他人的录像制品，还应当取得著作权人许可，并支付报酬。

第五章　法律责任和执法措施

第四十七条　有下列侵权行为的，应当根据情况，承担停止侵害、消除影响、赔礼道歉、赔偿损失等民事责任：

（一）未经著作权人许可，发表其作品的；

（二）未经合作作者许可，将与他人合作创作的作品当作自己单独创作的作品发表的；

（三）没有参加创作，为谋取个人名利，在他人作品上署名的；

（四）歪曲、篡改他人作品的；

（五）剽窃他人作品的；

（六）未经著作权人许可，以展览、摄制电影和以类似摄制电影的方法使用作品，或者以改编、翻译、注释等方式使用作品的，本法另有规定的除外；

（七）使用他人作品，应当支付报酬而未支付的；

（八）未经电影作品和以类似摄制电影的方法创作的作品、计算机软件、录音录像制品的著作权人或者与著作权有关的权利人许可，出租其作品或者录音录像制品的，本法另有规定的除外；

（九）未经出版者许可，使用其出版的图书、期刊的版式设计的；

（十）未经表演者许可，从现场直播或者公开传送其现场表演，或者录制其表演的；

（十一）其他侵犯著作权以及与著作权有关的权益的行为。

第四十八条　有下列侵权行为的，应当根据情况，承担停止侵害、消除影响、赔礼道歉、赔偿损失等民事责任；同时损害公共利益的，可以由著作权行政管理部门责令停止侵权行为，没收违法所得，没收、销毁侵权复制品，并可处以罚款；情节严重的，著作权行政管理部门还可以没收主要用于制作侵权复制品的材料、工具、设备等；构成犯罪的，依法追究刑事责任：

（一）未经著作权人许可，复制、发行、表演、放映、广播、汇编、通过信息网络向公众传播其作品的，本法另有规定的除外；

（二）出版他人享有专有出版权的图书的；

（三）未经表演者许可，复制、发行录有其表演的录音录像制品，或者通过信息网络向公众传播其表演的，本法另有规定的除外；

（四）未经录音录像制作者许可，复制、发行、通过信息网络向公众传播其制作的录音录像制品的，本法另有规定的除外；

（五）未经许可，播放或者复制广播、电视的，本法另有规定的除外；

（六）未经著作权人或者与著作权有关的权利人许可，故意避开或者破坏权利人为其作品、录音录像制品等采取的保护著作权或者与著作权有关的权利的技术措施的，法律、行政法规另有规定的除外；

（七）未经著作权人或者与著作权有关的权利人许可，故意删除或者改变作品、录音录像制品等的权利管理电子信息的，法律、行政法规另有规定的除外；

（八）制作、出售假冒他人署名的作品的。

第四十九条　侵犯著作权或者与著作权有关的权利的，侵权人应当按照权利人的实际损失给予赔偿；实际损失难以计算的，可以按照侵权人的违法所得给予赔偿。赔偿数额还应当包括权利人为制止侵权行为所支付的合理开支。

权利人的实际损失或者侵权人的违法所得不能确定的，由人民法院根据侵权行为的情节，判决给予五十万元以下的赔偿。

第五十条　著作权人或者与著作权有关的权利人有证据证明他人正在实施或者即将实施侵犯其权利的行为，如不及时制止将会使其合法权益受到难以弥补的损害的，可以在起诉前向人民法院申请采取责令停止有关行为和财产保全的措施。

人民法院处理前款申请，适用《中华人民共和国民事诉讼法》第九十三条至第九十六条和第九十九条的规定。

第五十一条　为制止侵权行为，在证据可能灭失或者以后难以取得的情况下，著作权人或者与著作权有关的权利人可以在起诉前向人民法院申请保全证据。

人民法院接受申请后，必须在四十八小时内作出裁定；裁定采取保全措施的，应当立即开始执行。

人民法院可以责令申请人提供担保，申请人不提供担保的，驳回申请。

申请人在人民法院采取保全措施后十五日内不起诉的，人民法院应当解除保全措施。

第五十二条　人民法院审理案件，对于侵犯著作权或者与著作权有关的权利的，可以没收违法所得、侵权复制品以及进行违法活动的财物。

第五十三条　复制品的出版者、制作者不能证明其出版、制作有合法授权的，复制品的发行者或者电影作品或者以类似摄制电影的方法创作的作品、计算机软件、录音录像制品的复制品的出租者不能证明其发行、出租的复制品有合法来源的，应当承担法律责任。

第五十四条　当事人不履行合同义务或者履行合同义务不符合约定条件的，应当依照《中华人民共和国民法通则》、《中华人民共和国合同法》等有关法律规定承担民事责任。

第五十五条　著作权纠纷可以调解，也可以根据当事人达成的书面仲裁协议或者著作权合同中的仲裁条款，向仲裁机构申请仲裁。

当事人没有书面仲裁协议，也没有在著作权合同中订立仲裁条款的，可以直接向人民法院起诉。

第五十六条　当事人对行政处罚不服的，可以自收到行政处罚决定书之日起三个月内向人民法院起诉，期满不起诉又不履行的，著作权行政管理部门可以申请人民法院执行。

第六章　附则

第五十七条　本法所称的著作权即版权。

第五十八条　本法第二条所称的出版，指作品的复制、发行。

第五十九条　计算机软件、信息网络传播权的保护办法由国务院另行规定。

第六十条　本法规定的著作权人和出版者、表演者、录音录像制作者、广播电台、电视台的权利，在本法施行之日尚未超过本法规定的保护期的，依照本法予以保护。

本法施行前发生的侵权或者违约行为，依照侵权或者违约行为发生时的有关规定和政策处理。

第六十一条　本法自 1991 年 6 月 1 日起施行。

附录二　中华人民共和国著作权法实施条例（2002）

中华人民共和国著作权法实施条例（2002）

第一条　根据《中华人民共和国著作权法》（以下简称著作权法），制定本条例。

第二条　著作权法所称作品，是指文学、艺术和科学领域内具有独创性并能以某种有形形式复制的智力成果。

第三条　著作权法所称创作，是指直接产生文学、艺术和科学作品的智力活动。

为他人创作进行组织工作，提供咨询意见、物质条件，或者进行其他辅助工作，均不视为创作。

第四条　著作权法和本条例中下列作品的含义：

（一）文字作品，是指小说、诗词、散文、论文等以文字形式表现的作品；

（二）口述作品，是指即兴的演说、授课、法庭辩论等以口头语言形式表现的作品；

（三）音乐作品，是指歌曲、交响乐等能够演唱或者演奏的带词或者不带词的作品；

（四）戏剧作品，是指话剧、歌剧、地方戏等供舞台演出的作品；

（五）曲艺作品，是指相声、快书、大鼓、评书等以说唱为主要形式表演的作品；

（六）舞蹈作品，是指通过连续的动作、姿势、表情等表现思想情感的作品；

（七）杂技艺术作品，是指杂技、魔术、马戏等通过形体动作和技巧表现的作品；

（八）美术作品，是指绘画、书法、雕塑等以线条、色彩或者其他方式构成的有审美意义的平面或者立体的造型艺术作品；

（九）建筑作品，是指以建筑物或者构筑物形式表现的有审美意义的作品；

（十）摄影作品，是指借助器械在感光材料或者其他介质上记录客观物体形象的艺术作品；

（十一）电影作品和以类似摄制电影的方法创作的作品，是指摄制在一定介质上，由一系列有伴音或者无伴音的画面组成，并且借助适当装置放映或者以其他方式传播的作品；

（十二）图形作品，是指为施工、生产绘制的工程设计图、产品设计图，以及反映地理现象、说明事物原理或者结构的地图、示意图等作品；

（十三）模型作品，是指为展示、试验或者观测等用途，根据物体的形状和结构，按照一定比例制成的立体作品。

第五条　著作权法和本条例中下列用语的含义：

（一）时事新闻，是指通过报纸、期刊、广播电台、电视台等媒体报道的单纯事实消息；

（二）录音制品，是指任何对表演的声音和其他声音的录制品；

（三）录像制品，是指电影作品和以类似摄制电影的方法创作的作品以外的任何有伴音或者无伴音的连续相关形象、图像的录制品；

（四）录音制作者，是指录音制品的首次制作人；

（五）录像制作者，是指录像制品的首次制作人；

（六）表演者，是指演员、演出单位或者其他表演文学、艺术作品的人。

第六条　著作权自作品创作完成之日起产生。

第七条 著作权法第二条第三款规定的首先在中国境内出版的外国人、无国籍人的作品，其著作权自首次出版之日起受保护。

第八条 外国人、无国籍人的作品在中国境外首先出版后，30 日内在中国境内出版的，视为该作品同时在中国境内出版。

第九条 合作作品不可以分割使用的，其著作权由各合作作者共同享有，通过协商一致行使；不能协商一致，又无正当理由的，任何一方不得阻止他方行使除转让以外的其他权利，但是所得收益应当合理分配给所有合作作者。

第十条 著作权人许可他人将其作品摄制成电影作品和以类似摄制电影的方法创作的作品的，视为已同意对其作品进行必要的改动，但是这种改动不得歪曲篡改原作品。

第十一条 著作权法第十六条第一款关于职务作品的规定中的“工作任务”，是指公民在该法人或者该组织中应当履行的职责。

著作权法第十六条第二款关于职务作品的规定中的“物质技术条件”，是指该法人或者该组织为公民完成创作专门提供的资金、设备或者资料。

第十二条 职务作品完成两年内，经单位同意，作者许可第三人以与单位使用的相同方式使用作品所获报酬，由作者与单位按约定的比例分配。

作品完成两年的期限，自作者向单位交付作品之日起计算。

第十三条 作者身份不明的作品，由作品原件的所有人行使除署名权以外的著作权。作者身份确定后，由作者或者其继承人行使著作权。

第十四条 合作作者之一死亡后，其对合作作品享有的著作权法第十条第一款第（五）项至第（十七）项规定的权利无人继承又无人受遗赠的，由其他合作作者享有。

第十五条 作者死亡后，其著作权中的署名权、修改权和保护作品完整权由作者的继承人或者受遗赠人保护。

著作权无人继承又无人受遗赠的，其署名权、修改权和保护作品完整权由著作权行政管理部门保护。

第十六条 国家享有著作权的作品的使用，由国务院著作权行政管理部门管理。

第十七条 作者生前未发表的作品，如果作者未明确表示不发表，作者死亡后50年内，其发表权可由继承人或者受遗赠人行使；没有继承人又无人受遗赠的，由作品原件的所有人行使。

第十八条 作者身份不明的作品，其著作权法第十条第一款第（五）项至第（十七）项规定的权利的保护期截止于作品首次发表后第50年的12月31日。作者身份确定后，适用著作权法第二十一条的规定。

第十九条 使用他人作品的，应当指明作者姓名、作品名称；但是，当事人另有约定或者由于作品使用方式的特性无法指明的除外。

第二十条 著作权法所称已经发表的作品，是指著作权人自行或者许可他人公之于众的作品。

第二十一条 依照著作权法有关规定，使用可以不经著作权人许可的已经发表的作品的，不得影响该作品的正常使用，也不得不合理地损害著作权人的合法利益。

第二十二条 依照著作权法第二十三条、第三十二条第二款、第三十九条第三款的规定使用作品的付酬标准，由国务院著作权行政管理部门会同国务院价格主管部门制定、公布。

第二十三条 使用他人作品应当同著作权人订立许可使用合同，许可使用的权利是专有使用权的，应当采取书面形式，但是报社、期刊社刊登作品除外。

第二十四条 著作权法第二十四条规定的专有使用权的内容由合同约定，合同没有约定或者约定不明的，视为被许可人有权排除包括著作权人在内的任何人以同样的方式使用作品；除合同另有约定外，被许可人许可第三人行使同一权利，必须取得著作权人的许可。

第二十五条 与著作权人订立专有许可使用合同、转让合同的，可以向著作权行政管理部门备案。

第二十六条 著作权法和本条例所称与著作权有关的权益，是指出版者对其出版的图书和期刊的版式设计享有的权利，表演者对其表演享有的权利，录音录像制作者对其制作的录音录像制品享有的权利，广播电台、电视台对其播放的广播、电视节目享有的权利。

第二十七条　出版者、表演者、录音录像制作者、广播电台、电视台行使权利，不得损害被使用作品和原作品著作权人的权利。

第二十八条　图书出版合同中约定图书出版者享有专有出版权但没有明确其具体内容的，视为图书出版者享有在合同有效期限内和在合同约定的地域范围内以同种文字的原版、修订版出版图书的专有权利。

第二十九条　著作权人寄给图书出版者的两份订单在6个月内未能得到履行，视为著作权法第三十一条所称图书脱销。

第三十条　著作权人依照著作权法第三十二条第二款声明不得转载、摘编其作品的，应当在报纸、期刊刊登该作品时附带声明。

第三十一条　著作权人依照著作权法第三十九条第三款声明不得对其作品制作录音制品的，应当在该作品合法录制为录音制品时声明。

第三十二条　依照著作权法第二十三条、第三十二条第二款、第三十九条第三款的规定，使用他人作品的，应当自使用该作品之日起2个月内向著作权人支付报酬。

第三十三条　外国人、无国籍人在中国境内的表演，受著作权法保护。

外国人、无国籍人根据中国参加的国际条约对其表演享有的权利，受著作权法保护。

第三十四条　外国人、无国籍人在中国境内制作、发行的录音制品，受著作权法保护。

外国人、无国籍人根据中国参加的国际条约对其制作、发行的录音制品享有的权利，受著作权法保护。

第三十五条　外国的广播电台、电视台根据中国参加的国际条约对其播放的广播、电视节目享有的权利，受著作权法保护。

第三十六条　有著作权法第四十七条所列侵权行为，同时损害社会公共利益的，著作权行政管理部门可以处非法经营额3倍以下的罚款；

非法经营额难以计算的，可以处10万元以下的罚款。

第三十七条　有著作权法第四十七条所列侵权行为，同时损害社会公共利益的，由地方人民政府著作权行政管理部门负责查处。

国务院著作权行政管理部门可以查处在全国有重大影响的侵权行为。

第三十八条　本条例自2002年9月15日起施行。1991年5月24日国务院批准、1991年5月30日国家版权局发布的《中华人民共和国著作权法实施条例》同时废止。

附录三　计算机软件保护条例（2001）

计算机软件保护条例（2001）

第一章　总则

第一条　为了保护计算机软件著作权人的权益，调整计算机软件在开发、传播和使用中发生的利益关系，鼓励计算机软件的开发与应用，促进软件产业和国民经济信息化的发展，根据《中华人民共和国著作权法》，制定本条例。

第二条　本条例所称计算机软件（以下简称软件），是指计算机程序及其有关文档。

第三条　本条例下列用语的含义：

（一）计算机程序，是指为了得到某种结果而可以由计算机等具有信息处理能力的装置执行的代码化指令序列，或者可以被自动转换成代码化指令序列的符号化指令序列或者符号化语句序列。同一计算机程序的源程序和目标程序为同一作品。

（二）文档，是指用来描述程序的内容、组成、设计、功能规格、开发情况、测试结果及使用方法的文字资料和图表等，如程序设计说明书、流程图、用户手册等。

（三）软件开发者，是指实际组织开发、直接进行开发，并对开发完成的软件承担责任的法人或者其他组织；或者依靠自己具有的条件独立完成软件开发，并对软件承担责任的自然人。

（四）软件著作权人，是指依照本条例的规定，对软件享有著作权的自然人、法人或者其他组织。

第四条　受本条例保护的软件必须由开发者独立开发，并已固定在某种有形物体上。

中国公民、法人或者其他组织对其所开发的软件，不论是否发表，依照本条例享有著作权。

外国人、无国籍人的软件首先在中国境内发行的，依照本条例享有著作权。

外国人、无国籍人的软件，依照其开发者所属国或者经常居住地国同中国签订的协议或者依照中国参加的国际条约享有的著作权，受本条例保护。

第六条　本条例对软件著作权的保护不延及开发软件所用的思想、处理过程、操作方法或者数学概念等。

第七条　软件著作权人可以向国务院著作权行政管理部门认定的软件登记机构办理登记。软件登记机构发放的登记证明文件是登记事项的初步证明。

办理软件登记应当缴纳费用。软件登记的收费标准由国务院著作权行政管理部门会同国务院价格主管部门规定。

第二章　软件著作权

第八条　软件著作权人享有下列各项权利：

（一）发表权，即决定软件是否公之于众的权利；

（二）署名权，即表明开发者身份，在软件上署名的权利；

（三）修改权，即对软件进行增补、删节，或者改变指令、语句顺序的权利；

（四）复制权，即将软件制作一份或者多份的权利；

（五）发行权，即以出售或者赠与方式向公众提供软件的原件或者复制件的权利；

（六）出租权，即有偿许可他人临时使用软件的权利，但是软件不是出租的主要标的的除外；

（七）信息网络传播权，即以有线或者无线方式向公众提供软件，使公众可以在其个人选定的时间和地点获得软件的权利；

（八）翻译权，即将原软件从一种自然语言文字转换成另一种自然语言文字的权利；

（九）应当由软件著作权人享有的其他权利。

软件著作权人可以许可他人行使其软件著作权，并有权获得报酬。

软件著作权人可以全部或者部分转让其软件著作权，并有权获得报酬。

第九条　软件著作权属于软件开发者，本条例另有规定的除外。

如无相反证明，在软件上署名的自然人、法人或者其他组织为开发者。

第十条　由两个以上的自然人、法人或者其他组织合作开发的软件，其著作权的归属由合作开发者签订书面合同约定。无书面合同或者合同未作明确约定，合作开发的软件可以分割使用的，开发者对各自开发的部分可以单独享有著作权；但是，行使著作权时，不得扩展到合作开发的软件整体的著作权。合作开发的软件不能分割使用的，其著作权由各合作开发者共同享有，通过协商一致行使；不能协商一致，又无正当理由的，任何一方不得阻止他方行使除转让权以外的其他权利，但是所得收益应当合理分配给所有合作开发者。

第十一条　接受他人委托开发的软件，其著作权的归属由委托人与受托人签订书面合同约定；无书面合同或者合同未作明确约定的，其著作权由受托人享有。

第十二条　由国家机关下达任务开发的软件，著作权的归属与行使由项目任务书或者合同规定；项目任务书或者合同中未作明确规定的，软件著作权由接受任务的法人或者其他组织享有。

第十三条　自然人在法人或者其他组织中任职期间所开发的软件有下列情形之一的，该软件著作权由该法人或者其他组织享有，该法人或者其他组织可以对开发软件的自然人进行奖励：

（一）针对本职工作中明确指定的开发目标所开发的软件；

（二）开发的软件是从事本职工作活动所预见的结果或者自然的结果；

（三）主要使用了法人或者其他组织的资金、专用设备、未公开的专门信息等物质技术条件所开发并由法人或者其他组织承担责任的软件。

第十四条　软件著作权自软件开发完成之日起产生。

自然人的软件著作权，保护期为自然人终生及其死亡后50年，截止于自然人死亡后第50年的12月31日；软件是合作开发的，截止于最后死亡的自然人死亡后第50年的12月31日。

法人或者其他组织的软件著作权，保护期为50年，截止于软件首次发表后第50年的12月31日，但软件自开发完成之日起50年内未发表的，本条例不再保护。

第十五条　软件著作权属于自然人的，该自然人死亡后，在软件著作权的保护期内，软件著作权的继承人可以依照《中华人民共和国继承法》的有关规定，继承本条例第八条规定的除署名权以外的其他权利。

软件著作权属于法人或者其他组织的，法人或者其他组织变更、终止后，其著作权在本条例规定的保护期内由承受其权利义务的法人或者其他组织享有；没有承受其权利义务的法人或者其他组织的，由国家享有。

第十六条　软件的合法复制品所有人享有下列权利：

（一）根据使用的需要把该软件装入计算机等具有信息处理能力的装置内；

（二）为了防止复制品损坏而制作备份复制品。这些备份复制品不得通过任何方式提供给他人使用，并在所有人丧失该合法复制品的所有权时，负责将备份复制品销毁；

（三）为了把该软件用于实际的计算机应用环境或者改进其功能、性能而进行必要的修改；但是，除合同另有约定外，未经该软件著作权人许可，不得向任何第三方提供修改后的软件。

第十七条　为了学习和研究软件内含的设计思想和原理，通过安装、显示、传输或者存储软件等方式使用软件的，可以不经软件著作权人许可，不向其支付报酬。

第三章　软件著作权的许可使用和转让

第十八条　许可他人行使软件著作权的，应当订立许可使用合同。

许可使用合同中软件著作权人未明确许可的权利，被许可人不得行使。

第十九条　许可他人专有行使软件著作权的，当事人应当订立书面合同。

没有订立书面合同或者合同中未明确约定为专有许可的，被许可行使的权利应当视为非专有权利。

第二十条　转让软件著作权的，当事人应当订立书面合同。

第二十一条　订立许可他人专有行使软件著作权的许可合同，或者订立转让软件著作权合同，可以向国务院著作权行政管理部门认定的软件登记机构登记。

第二十二条　中国公民、法人或者其他组织向外国人许可或者转让软件著作权的，应当遵守《中华人民共和国技术进出口管理条例》的有关规定。

第四章　法律责任

第二十三条　除《中华人民共和国著作权法》或者本条例另有规定外，有下列侵权行为的，应当根据情况，承担停止侵害、消除影响、赔礼道歉、赔偿损失等民事责任：

（一）未经软件著作权人许可，发表或者登记其软件的；

（二）将他人软件作为自己的软件发表或者登记的；

（三）未经合作者许可，将与他人合作开发的软件作为自己单独完成的软件发表或者登记的；

（四）在他人软件上署名或者更改他人软件上的署名的；

（五）未经软件著作权人许可，修改、翻译其软件的；

（六）其他侵犯软件著作权的行为。

第二十四条　除《中华人民共和国著作权法》、本条例或者其他法律、行政法规另有规定外，未经软件著作权人许可，有下列侵权行为的，应当根据情况，承担停止侵害、消除影响、赔礼道歉、赔偿损失等民事责任；同时损害社会公共利益的，由著作权行政管理部门责令停止侵权行为，没收违法所得，没收、销毁侵权复制品，可以并处罚款；情节严重的，著作权行政管理部门并可以没收主要用于制作侵权复制品的材料、工具、设备等；触犯刑律的，依照刑法关于侵犯著作权罪、销售侵权复制品罪的规定，依法追究刑事责任：

（一）复制或者部分复制著作权人的软件的；

（二）向公众发行、出租、通过信息网络传播著作权人的软件的；

（三）故意避开或者破坏著作权人为保护其软件著作权而采取的技术措施的；

（四）故意删除或者改变软件权利管理电子信息的；

（五）转让或者许可他人行使著作权人的软件著作权的。

有前款第（一）项或者第（二）项行为的，可以并处每件 100 元或者货值金额 5 倍以下的罚款；有前款第（三）项、第（四）项或者第（五）项行为的，可以并处 5 万元以下的罚款。

第二十五条　侵犯软件著作权的赔偿数额，依照《中华人民共和国著作权法》第四十八条的规定确定。

第二十六条　软件著作权人有证据证明他人正在实施或者即将实施侵犯其权利的行为，如不及时制止，将会使其合法权益受到难以弥补的损害的，可以依照《中华人民共和国著作权法》第四十九条的规定，在提起诉讼前向人民法院申请采取责令停止有关行为和财产保全的措施。

第二十七条　为了制止侵权行为，在证据可能灭失或者以后难以取得的情况下，软件著作权人可以依照《中华人民共和国著作权法》第五十条的规定，在提起诉讼前向人民法院申请保全证据。

第二十八条　软件复制品的出版者、制作者不能证明其出版、制作有合法授权的，或者软件复制品的发行者、出租者不能证明其发行、出租的复制品有合法来源的，应当承担法律责任。

第二十九条　软件开发者开发的软件，由于可供选用的表达方式有限而与已经存在的软件相似的，不构成对已经存在的软件的著作权的侵犯。

第三十条　软件的复制品持有人不知道也没有合理理由应当知道该软件是侵权复制品的，不承担赔偿责任；但是，应当停止使用、销毁该侵权复制品。如果停止使用并销毁该侵权复制品将给复制品使用人造成重大损失的，复制品使用人可以在向软件著作权人支付合理费用后继续使用。

第三十一条　软件著作权侵权纠纷可以调解。

软件著作权合同纠纷可以依据合同中的仲裁条款或者事后达成的书面仲裁协议，向仲裁机构申请仲裁。

当事人没有在合同中订立仲裁条款，事后又没有书面仲裁协议的，可以直接向人民法院提起诉讼。

第五章　附则

第三十二条　本条例施行前发生的侵权行为，依照侵权行为发生时的国家有关规定处理。

第三十三条　本条例自 2002 年 1 月 1 日起施行。1991 年 6 月 4 日国务院发布的《计算机软件保护条例》同时废止。

附录四　图书翻译权的版权许可合同（中英文）

图书翻译权的版权许可合同（中文）

许可方（权利所有方）：
地址：

被许可方（出版方）：
地址：

________出版社（以下简称许可方）与________出版社（以下简称被许可方）就《XXX》（________著，书号：________）（以下简称作品）的简体中文版（或其他语言）在________境内翻译出版事宜签订如下合同。

经协商，现双方达成协议如下：

1. 授权：许可方授予被许可方独家许可，准许其以其出版社的名义，以图书形式（包括简装和精装）翻译、制作、出版、销售、发行该作品中文简体版（以下简称翻译本），限在________地区发行，不包括________。

2. 许可期限：除本合同第 13 条的情形外，本合同自签订之日起有效期为________年，期满后按约定的付款条件，双方可共同协商延期。

3. 许可方向被许可方保证：

（1）许可方享有该作品的版权；

（2）许可方享有原作品中第三方控制的版权资料的使用许可；

（3）免费向被许可方提供________本原版图书；

（4）作品中没有诽谤、淫秽或其他不良内容；

（5）如果被许可方认为该作品中含有不符合被许可方国家的法律内容，经书面通知许可方，被许可方有权从中文翻译版中删除相关内容。

4. 翻译和出版质量：被许可方负责安排合格的翻译者，保证准确无误地翻译该作品。被许可方确保翻译本的印刷、纸张和装帧质量。

5. 出版日期：本书应当在________年________月________日前出版。被许可方有权决定该书的开本、版式以及该书的促销、广告、发行方案。

6. 版权：被许可方所有翻译本的封面、书脊、护封（如果有的话）和扉页上都必须醒目地印上作者的姓名，并在扉页背面注明下列版权声明："©（原书版权详细信息）"以及下列声明："此________的翻译版由________许可出版"。

7. 最低印数：翻译本的印数不低于________册。被许可方有权自行决定重印，并在重印后________个月内通知许可方。当翻译本已经绝版或市场上已经脱销，被许可方在接到许可方再印的书面通知后，________个月内仍未再印，版权所有者将有权终止合同。

8. 版税：被许可方应当支付下列款项：

（1）自翻译本出版之日起________日，根据翻译本图书的印数和定价向许可方支付版税________%（税后）；

（2）其中人民币（或其他币种）________元在合同签订之时向许可方预先支付。

9. 结算和付款：被许可方有权自行决定重印，并在重印后________个月内通知许可方。每年12月31日前，被许可方对翻译本的印刷数量结算1次，并自结算之日________个月内通知许可方并付清按合同应支付的款项。

结算报告包括：

（1）在本会计年度初期若有库存，其具体册数

（2）在本会计年度零售价格

（3）本会计年度内销售册数

（4）本会计年度末期库存册数

被许可方有权依据中国法律代扣相关税款，并应许可方的要求提供相应代扣税凭证。

10. 免费样书：翻译本出版后________个月内，被许可方应当向许可方提供________本免费样书。

11. 被许可方出版包含上述翻译作品的选集、文集、全集或者许可第三方出版包含上述翻译作品的选集、全集的，须事先取得许可方书面授权，并将所得报酬的________%交付许可方。

在合同有效期内，被许可方出版上述作品电子版或者许可第三方出版上述作品电子版的，须另行取得许可方书面授权，并将所得报酬的________%交付许可方。

12. 收回许可：有下列情形之一的，许可方有权收回许可：

（1）自收到许可方书面通知________日后，被许可方仍未履行本合同

第 10 条规定的义务的；

（2）自收到许可方书面通知________日后，被许可方仍构成实质性违约的；

（3）当翻译本已经绝版或市场上已经脱销，被许可方在接到许可方再印的书面通知后，________个月内仍未再印的。

13. 合同终止：如果许可方或被许可方有下列情形之一，则合同终止：破产、被抵债、依据破产法被行使优先权、整顿、清算、转行。

14. 关于通知：通知应当采用书面形式，用挂号信送达，保留回执，并按照合同书指定的地址详细填写。

15. 适用法律：本合同适用中华人民共和国（或其他国家）法律。因本合同发生的任何争议或者分歧，由许可方（或被许可方）所在地法院依法裁决。

许可方（盖章）：

签字：

职务：

年　　月　　日

被许可方（盖章）：

签字：

职务：

年　　月　　日

图书翻译权的版权许可合同（英文）

Copyright License Agreement on Translation Rights

The Licensor (Proprietor):

Address:

The Licensee (Publisher):

Address:

This agreement entered into by ________ Press (hereinafter called the Licensor) and ________ Press (hereinafter called the Licensee) concerning the translation and publication in the Simplified Chinese Language, of XXX (the author: ________, ISBN: ________) (hereinafter called the Work), within the territory of ________ only, excluding ________ (hereinafter called the Territory).

Now, therefore, in consideration of the premise and the mutual undertakings herein contained, the parties agree:

1. Grant of License: The Licensor hereby grants to the Licensee the exclusive right and license to translate, print, publish, sell and distribute the Work in the Simplified Chinese Language, in book form (in paperback and hardback), within the territory of ________ only, excluding ________.

2. Duration of License: Unless sooner canceled as provided in clause 13, this license shall continue in effect for a period of ________ years, after which it may be extended by mutual agreement between the parties on financial terms to be agreed.

3. The Licensor warrants to the Licensee that:

(a) The Licensor is the proprietor of this work.

(b) The Licensor obtains permission for the use in the Licensed Edition of copyright material from the Work controlled by third parties.

(c) The Licensor shall supply the Licensee with ________ original books free.

(d) To the best of the Licensor's knowledge the Work does not contain anything that may be libelous, obscene, or otherwise objectionable.

(e) If, in the opinion of the Licensee, the Work contains any material that may be unlawful in the Licensee's territory, the Licensee shall have the right, upon written notice to the Licensor, to remove such material from its edition of the Work.

4. Qualified translator and publication: The Licensee shall arrange for the translation of the Work to be made faithfully and accurately by competent translator. The Licensee undertakes to ensure that, the printing, paper and binding of the translation shall be qualified.

5. The date of publication: publication shall take place no later than ________. All details as to the format of the translation, its promotion, advertisement and distribution, shall rest in the Licensee's discretion.

6. Copyright: The name of the author shall appear with due prominence on the cover, jacket (if any) and title page of every copy of the translation issued and on the reverse of the title page shall appear the following copyright notice: © (**copyright details from original edition**) together with the following acknowledgement: The translation of ________ is published by arrangement with ________.

7. Copies at least: The Licensee shall print ________ copies at least. The

Licensee is entitled to decide the reprint of the translation, and shall notice the Licensor within ________ months from the date of reprint. If the translation of said Work (whether in the original edition or any reprinting thereof) goes out-of-print or off the market and the Publisher fails to publish a reprinting within months thereafter (giving prior notice in writing to the Proprietor of the publication of such reprinting), then all rights herein granted to the Publisher shall revert to the Proprietor and this Agreement shall terminate.

8. Royalties: The Licensee shall pay to the Licensor:

(a) A royalty of ________% (withholding tax) on the Chinese retail price for all copies printed by the Licensee in RMB within ________ days from the date of the translation published.

(b) The sum of ________ RMB on signature of this Agreement in advance.

9. Accounting & Payment: The Licensee is entitled to decide the reprint of the Translation, and shall notice the Licensor within ________ months from the date of reprint. Accounts of sales of the Work shall be made by the licensee once a year up to December 31st in each year and shall be delivered to the Proprietor together with payment of any sums due, within ________ months thereafter.

Each account shall include:

(a) The total number of copies in stock at the beginning of the accounting period.

(b) The Publisher's retail list price or prices during the accounting period.

(c) The number of copies sold at each price should there be more than one, during the accounting period.

(d) The number of copies remaining in stock at the end of the accounting period.

The Licensee has the right to withhold tax according to the laws of People's Republic of China and shall send the relevant statement of account showing the amount deduced if the Licensor requires.

10. Free Copies: The Licensee shall furnish to the Licensor XX free reading copies within months upon publication.

11. The Licensee shall publish or authorize third parties to publish the anthology, corpus, collected edition of the Translation with the prior written consent of the Licensor, and give ________% of the reward to the Licensor. In the valid period of this Agreement, the Licensee shall publish or authorize third parties to publish the electronic edition of the Translation with the prior written consent of the Licensor, and give ________% of the reward to the Licensor.

12. Cancellation: The Licensor shall have the right to cancel this agreement:
(a) If the Licensee fails to discharge its obligations under clause 10, and its default continues for ________ days after receipt of written notice from Licensor; or
(b) If the Licensee breaches any other material provision of this agreement, and such breach continues for ________ days after receipt of notice from the Licensor; or
(c) If the Licensee's edition of the Work goes out of print or off the market, the Licensee fails to reprint it within ________ months after receipt of written demand from the Licensor.

13. Termination: If the Licensor or the Licensee be declared bankrupt, or become insolvent, make an assignment for the benefit of its creditors, or if a receiver or trustee is appointed for its property, or it liquidates as a business, or if it ceases its usual operations for any reason, this agreement shall come

to an end forthwith on the happening of the event.

14. Notices: Any and all notices given shall be in writing form, and shall be sent by registered mail, return receipt requested, addressed to the parties at their respective addresses hereinabove specified.

15. Proper Law: This Agreement shall be governed by and construed in accordance with the laws of the People's Republic of China. Any disputes or differences arising between the parties in respect of this agreement, shall be judged by the court located at the Licensor (Licensee).

LICENSOR (Seal):

Signature:

Title:

Date:

LICENSEE (Seal):

Signature:

Title:

Date:

附录五　计算机软件许可合同（中英文）

计算机软件许可合同（中文）

本合同是由以下双方于________年________月________日签订的：中国________是根据中华人民共和国法律正式成立并注册的企业法人（简称“买方”）；________国________公司（简称“卖方”）。

鉴于卖方多年来从事________系统的设计、生产、销售业务并为该系统提供服务，并在进一步开发；鉴于买方愿意建立一个________系统；鉴于引进________系统将会提高科学技术水平，改进________的质量和类型，在先进技术产品的使用及服务方面提供培训机会，并且通过创造一种平等、积极的工作环境促进工人的权利和尊严，从而对中国人民做出贡献；鉴于按照平等互利的原则，经友好协商，买方已决定它愿成为________系统的使用人，而卖方愿意提供该等系统供买方使用。

因此，考虑到本合同中所含的相互条款和协议，现双方特协议如下：

1. 双方间的协议（简称“合同”）由本合同所规定的条款和条件以及以下所提及的附件构成：

附件一　系统组件

附件二　交货和安装时间表

附件三　价格和支付条件

附件四　产品说明和规格

附件五　卖方软件许可合同

附件六　软件分许可合同

附件七　租赁合同

2. 定义

下列词语在本合同中应有如下含义：

（a）商用________系统：（略）

（b）用户________系统：（略）

（c）控制用计算机：指由买方用于________系统及其所控制的一切________系统组成部分。

（d）________（注册商标）：指卖方的一个注册商标，卖方用其表示生产和销售的________系统的一个较早版本。

（e）________（注册商标）Ⅱ：指________系统的一个较晚版本，卖方用该词指作为本合同标的的系统。

（f）系统：指卖方的________系统。（略）

（g）标准转换器：（略）

3. 系统的提供

（a）卖方根据作为本合同一部分的产品说明和规格及交货和安装时间表提供系统，买方根据作为本合同一部分的价格和支付条件就系统付款。

（b）在买方订购的________系统可以提供使用之前，卖方应根据本合同附件七租赁合同所规定的条款将此系统租赁给买方。买方承认并同意，卖方可以自行决定，通过改进租赁给买方的________系统、提供一个不同的系统或者将前述两个系统结合起来，提供买方所订购的________系统。

4. 交货和安装

（a）系统按附件二规定的交货时间表交付。运费将加在卖方发票上，由买方支付。买方有权指定承运人，并以书面形式将其所选择的承运人通知卖方。如果买方未将其所选择的承运人通知卖方，卖方将挑选承运人。但是，卖方不应因此承担有关运输的任何责任，并且也不应将承运人视为卖方的代理人。除非买方要求，卖方没有义务为买方取得保险。

（b）卖方或其指定的服务供应商应在买方指定的中华人民共和国境内设施上安装________系统。安装费应加在卖方发票上，由买方支付。买方应根据本合同的安装时间表，按照预先交给买方的场地准备指南所规定的规格，负责按时完成任何必要的现场准备及买方设施的修改。必要时，买方应按照场地准备指南提供其他测试设备及物资（包括但不限于占地面积、电源插座、中继电缆、卫星设施等）。买方应负责一切该等设施、准备、设备、物资以及为此所需的许可和批准，并支付其费用。

5. 遵守卖方所在国出口管制法律

（a）卖方同意为买方从卖方购买的产品和技术，申请________向中国出口产品和技术所必需的一切________政府出口许可、同意和批准。如果卖方虽尽其最大努力仍不能取得该等产品和技术从________合法出口中国所需的任何及一切许可、同意和批准，则本合同立即终止，卖方免除履行，并且买方使卖方不受损害。

（b）买方特承诺遵守________出口法律及法规，并且同意，在未取得必要的________政府批准许可的情况下，买方不会故意：

（i）直接或间接地向在出口时________政府或其任何机构要求出口许可或其他政府批准的任何国家出口从卖方获得的、源于________的技术资料、软件或该技术资料的任何直接产品；

（ii）向________政府或其任何机构要求出口许可或其他政府批准的任何国家国民透露从卖方获得的、源于________的任何技术资料或软件。

6. 所有权和损失风险

本合同项下购买的一切物品的所有权及损失风险，应在卖方设施所在地，于该等物品交付承运人后转移给买方。在购买价款全部支付前，买方授予卖方对该系统的担保权益，作为买方按照本合同付款的保证。在交付承运人后，系统或其任何部分的损失或损坏应由买方负责。在损失风险转给买方后，卖方应有权得到所损失或损坏的任何物品的全部购买价款。

7. 验收测试和验收

（a）系统的验收测试应依照卖方的验收测试程序进行。卖方和其指定的服务供应商应根据前述测试程序进行验收测试。如果任何该等测试没有成功完成，卖方或其指定的服务供应商应对测试进行评估，并且对系统进行任何调整或校正，使系统能按规格运行。一切该等测试的开始，应给予买方合理的事先通知，并且给予买方观察一切该等测试的合理机会。

（b）"成功完成"一词，在本合同中用于任何测试方面时，指在特定的测试程序中规定的该等测试的成功完成，并且一切对测试的提及指的都是卖方验收测试程序中的测试。

（c）为附件三之目的，在系统的验收测试程序中规定的一切测试已在买方设施地点成功完成时，系统的验收（简称"验收"）应被视为已经进行。

（d）卖方声明并保证，卖方将向买方交付完整、准确、有效的系统。该系统能够达到在产品说明和规格中规定的技术指标，并由系统验收测试的成功完成予以证明。成功完成应被视为系统完整、准确、有效并能达到规格所述技术指标的决定性证据。

8. 装运到场和验收合格

（a）如果系统或其任何部分已按附件二规定的日期准备装运或安装，但根据买方请求或者由于买方不能提供验收或安装系统所必需的设施、测试设备或物资而使该等装运或安装延迟超过________个日历日，则卖方可以根据其选择通知买方，系统或其任何部分作为已事实上装运、交付并安装（简称"装运到场"）对待。此外，对于该等延迟所导致的一切储存费或其他费用，买方应补偿卖方。

（b）通知装运到场后________天，卖方有权按本合同附件三规定的交付条件就下列款项向买方开出发票：

（i）装运到场的商用________系统百分之百（100%）的购买价款；及

（ii）就________系统而言，为该系统已实际装运情况下的到期金额，余额在验收后开出发票。

（c）在附件二规定的装运或安装日期前后的任何时候，有以下任一情形的，买方即对系统或其任何部分进行了合格验收（简称“合格验收”）：

（i）买方决定并书面通知卖方，系统适宜开始买方拟用系统进行的操作；

（ii）系统已经开始买方拟用系统进行的操作。

（d）合格验收应具有与上述第8（b）条相同的结果，但________系统的到期金额应为迄今已付金额与百分之九十（90%）的验收后到期金额的差额，余额在验收后开发票。

（e）装运到场和合格验收都不免除卖方在本合同项下的任何责任，包括验收测试的成功完成以及按本合同条款和条件对瑕疵或缺陷进行纠正。

9. 税收

销售设备和在中国提供修理及安装服务的价款不包括一切派款、关税、销售税、使用税、国内消费税、增值税及类似税收（含买方政府从原扣缴的金额），买方应承担并支付上述税款。任何要求卖方就销售、交付或使用系统所收、缴的税款（卖方的所得税除外）应由买方支付，并且该等税款应在系统交付后到期应付。买方同意就因买方过失的行为与不行为或者因买方违反或不履行本第九条而导致的一切请求补偿卖方，使卖方不受损害并为其辩护。

10. 付款

（a）作为卖方按本合同提供本合同系统及一切有关物品的全部对价，买方应支付卖方在附件三中规定的系统购买价款。

（b）付款应按附件三进行。

（c）如果在发票金额或其任何部分到期时买方没有付款，买方特同意就一切该等金额按年利率百分之十八（18%）或法律允许的最高利率向卖方支付从到期应付日期至付款日期的利息。

11. 操作手册和其他资料/培训

（a）卖方应在提供每个商用________系统时随附一份用户指南。

（b）卖方应向买方提供 3 份________系统所有的操作手册和安装指南。

（c）系统安装以后，卖方或其指定的服务供应商应在系统使用和操作期间给买方雇员提供为期________日的培训课程。

12. 系统保证

（a）卖方声明并保证，卖方是本合同中向买方许可、租赁或销售的一切知识产权的所有人或受益被许可人，并且卖方有权向买方许可、租赁或销售前述知识产权。卖方保证本合同项下提供的系统和一切设备及有关软件（除控制用计算机及控制用计算机操作系统软件）自验收日期后的一年内没有品质及工艺方面的瑕疵，但商用及用户________系统除外，两者的保证期应自装运日期后为期一年。卖方在该期间内应免费在买方场地修理、更换并重新安装________系统或其任何有瑕疵的部分。卖方保证不包括控制用计算机或系统中包含的控制用计算机操作系统软件，但卖方应（在可转让的范围内）向买方转让任何著名生产厂商对控制用计算机或系统中包含的控制用计算机操作系统软件的保证。如果不存在验收日期后为期一年的该等转让保证，卖方应为买方利益并作为购买价款的一部分，为该等控制用计算机及操作系统软件购买硬件和软件维修续期合同，以取代保证，该维修续期合同应自验收日期后为期一年。如果由于保证范围外的瑕疵或正常使用和常规安装外的原因导致修理和更换，买方应对卖方为纠正该等瑕疵所提供的一切劳务和物资（包括差旅费）向卖方付款。

（b）本合同规定的保证仅适用于常规安装、正常使用并在保证期间内发现瑕疵的物品。该等保证不应适用于未经卖方书面同意而修改、改动或者被滥用、发生事故、过失或不当使用的物品。

（c）本合同规定的保证取代对系统性能的一切其他明示或默示保证，包括但不限于关于适销性或适合某一特殊用途的任何默示保证。买方就卖方违反本合同规定的任何保证享有的唯一救济应是卖方为履行该等保证而进行的修理和/或更换。卖方在任何时候都不对视听或数据信号的任何损失、业务中断或者任何种类或性质的特殊、间接或结果性损害负责。

卖方不对买方过失或过错所导致的履行本条项下义务的延迟负责。

13. 非保修性修理及备件支持

（a）在（i）系统验收满________年之日，或（ii）买方停止系统操作之日（依较早者）前，卖方应提供系统的修理服务和/或备件（简称“支持期”）。双方理解，对不在保证范围内的备件及修理，卖方应按其当时的原料价或备件价格收费，并在工作完成后尽快开出发票。卖方在本合同或其他合同项下，没有义务向未就任何该等备件或修理及时付款的任何人进一步提供备件或修理服务。

（b）在支持期之后，卖方提前6个月书面通知买方其要中止提供系统的备件或修理服务的，可以中止提供。但是，卖方可以选择以下其中一项：

（i）授予买方为自用而非出售之目的而制造任何该等系统组件（不包括控制用计算机或其操作系统软件）的非排他性许可，并向买方提供一切必需的文件、规格、图纸及其他资料；

（ii）允许买方有机会购买其认为是系统维修和支持所需的足量备件。

（c）为本合同之目的，如果在________系统装运后的任何________个月内，买方没有在正常使用的仪器上使用卖方提供的系统，作为其正常使用的一部分，编译或拆译信号码，共计至少为________小时，或者在该等装运后连续________个月内，买方在每________个月内没有在正常使用的仪器上使用卖方提供的系统，作为其正常使用的一部分，编译或拆译信号码，共计至少为________小时，则买方应视为“停止系统操作”。

14. 维修续期

在本合同规定的________系统的保证期届满前，卖方和/或其指定的服务供应商应给买方提供机会，签订一份________系统（包括有关控制用计算机的软件，但不包括控制用计算机的硬件平台）的维修续期合同，并可连续续展一年。

15. 系统许可

（a）控制用计算机的操作系统软件按本合同附件五规定的操作系统许可人进行分许可的条件和条款向买方提供。

（b）系统操作所需的一切卖方软件按本合同附件四规定的许可向买方提供。

（c）本合同未在涉及卖方所有的任何产品、系统或者卖方拥有的或由卖方分许可的任何所有权方面给予技术转让或转移。在本合同项下，也未给予授予分许可的权利，亦不能从中推断出或暗示有分许可权。

16. ________系统的安全要求

双方同意制定________系统的安全计划，为防止系统在装运、储存、操作或双方进行与本合同有关的其他活动期间（包括保证期和保证期后）被盗窃或有其他泄露，该计划规定将要建立并保持的安全程序。目前的________系统安全要求以前已提供给买方。买方同意采用和遵守并/或促使其代理人采用和遵守卖方不时建议的替代和补充安全要求。

17. 设备提前订购的时间

作为本合同标的设备，交付日期在附件二中规定。其他设备的提前订购时间如下：

（略）

买方将对希望交付的设备提供为期________个月的使用。使用的头________个月被视为确定订货，如取消订单，则要受附件三规定的取消订货惩罚。

18. 相互声明

各方声明并保证：

（a）它是在其州内或国内正式成立和注册的，符合各项规定，它有权力和授权签订并履行本合同及由其签署并递交的、与之有关的任何其他协议和文件（在本合同中，统称“文件”）。

（b）其签署、递交和履行文件已经通过一切必要的行为获得正式授权。

19. 保密

（a）买方同意使用至少与买方适用于自身专有资料相同的谨慎与防范措施，对卖方向买方透露的、包含专有资料并标明“专有”或“保密”的任何资料或数据，如卖方的图纸和软件（包括但不限于设计、报告、软件文件、手册、模型等等）予以保密，但无论如何，谨慎不得低于合理程度。未经卖方书面允许，不得复制、向他人透露或者使用该等资料或数据。这些义务不适用于下述任何资料或数据：在未违反本条的情况下属于或成为公共资料的资料或数据；买方合法地从第三方获得的资料或数据；买方独立开发并且未从卖方资料或数据中获益的资料或数据。卖方没有义务提供保密或专有资料；

（b）买方在本条项下的义务应在本合同终止或届满后继续有效。由卖方提供给买方的一切有形专有资料属于并保持为卖方的财产，并应在卖方请求时退还给卖方；

（c）除在本合同中有明确规定，双方同意，卖方对保密或专有资料的透露并不意味向买方授予卖方任何专利、商业秘密或版权的许可；
(d) 任何一方未经另一方每次书面明示同意（该等同意不得被无理拒绝或拖延），不得在推售、广告、公关活动中或以任何其他形式，使用另一方、其母公司、子公司、其他关联公司的名称或者任何商标或商号（或象征）。

20. 补偿

(a) 每方应就其按本合同规定履行其本合同项下义务所导致的、与其有关的或由其引发的一切损失、损害、责任、支出、费用、索赔、诉讼、要求、诉讼行为、诉因、程序、判决、估定税额、欠额以及收费（合称“损害”）补偿另一方、另一方的股东、董事、管理人员、雇员、代理人、被指定人、受让人或其中任何一人，使之不受损害，并且在不对上文所述予以限制的条件下，买方还应就下述各项所导致的、与其有关的或由其引发的上述任何事项补偿卖方：（略）。
(b) 如果第三方提出一方按本合同规定有权获得补偿的索赔请求，一方（“受补偿方”）应在实际可能的情况下尽早通知另一方（“补偿方”），但无论如何不得迟于在收到该等请求后的第________日。受补偿方未给予该通知并不排除其按本合同规定寻求补偿，除非未给予该通知使补偿方抗辩该索赔请求的能力受到实质影响。补偿方（与其自行选择的律师一起）应及时对该索赔请求进行抗辩，而受补偿方应在对该索赔请求进行抗辩时与补偿方合作，包括按照补偿方规定的原则就该事项达成和解（补偿方承担该和解的一切费用与支出）。如果补偿方收到索赔通知后未为受补偿方辩护，则受补偿方应有权对该索赔进行抗辩、妥协或和解，费用由补偿方承担。在承担对该等索赔请求的辩护后，补偿方可进行和解、妥协或抗辩，由其酌处。
无论本条有何相反的规定，如果发生对买方的诉讼、索赔、诉讼行为或程序是基于以下主张，即卖方制造并销售给买方的物品侵犯了任何第三方的________国专利、版权、掩模、商标、商业秘密或其他任何知识产权，则卖方将就该诉讼、索赔、诉讼行为或程序为买方辩护，并将支付终局判决（不能再上诉的）判定由买方承担的损害赔偿与费用，以及买方实际的支出与费用，上述规定的条件是：（1）卖方被及时告知侵权指控的发生，并得到与该侵权指控有关的每一通讯、通知或其他诉讼文书的副本，（2）得到该辩护的独家控制权（包括选择律师的权利），以及就该诉讼或程序进行妥协或者和解的独家权利；但是，卖方在本合同项下的责任（如果有的话），应严格地并且仅仅限于卖方因买方销售侵权物品而应从买方获得的特许权使用费收入金额。如果侵权是由卖方交货后有人将物品混合、添加或改造而引起，或者由实施某一方法时使用物品（或其任何部分）而引起，则卖方无义务进行辩护，亦无承担费用或损害赔偿的责任。

如果卖方制造并向买方提供的任何物品被判定侵犯有效的________国专利，且卖方被禁止使用该专利，或者如果卖方相信很可能发生侵权，卖方将尽一切合理的努力，自费从以下措施中作出选择：（1）为买方取得使用该等物品而不产生侵权责任的权利，或（2）以在其他方面实质上符合本合同所有规定的非侵权替代品来代替或改造该等物品，或（3）在该等物品被返还后，退还该等物品的购买价以及运费（扣除向买方交货至退还期间使用该等物品并从中获得利益的折扣金额，该折扣金额按从卖方装运之日起________年直线式折旧来计算）。如果交货完成前发生侵权指控，卖方有权拒绝进一步装运，而不构成违约。

如果卖方还没有被禁止向买方销售该等物品，应买方请求，卖方可以（仅由卖方酌定）向买方供应该等物品，在此情况下，买方应被视为向卖方做出与本合同上文所述相同的专利补偿保证。

如果有人指称卖方按照买方规格制造的物品侵犯了有效的________国专利，并以此为根据向卖方提起诉讼或程序，则买方应被视为已向卖方做出同样的专利补偿保证。买方应将第三方侵犯本合同项下许可给买方的知识产权及时通知卖方。如果第三方侵犯该等知识产权，双方应互相合作，采取适当的行动制止该侵权行为。

上文规定了本合同双方就专利、版权、掩模、商业秘密、商标以及其他专有权利的侵权（无论是直接的还是协从的）所承担的唯一责任，并且取代就其所做出的所有保证（明示的、暗示的或法定的），包括（但不限于）________中规定的不侵权保证。

21. 责任的限度

买方同意，如果买方就所交付的任何系统或系统组件提出任何一种索赔，或就未能交付该等系统或系统组件提出索赔（无论是何种行为方式），卖方在任何情况下均不承担金额超过对其提出该等索赔的系统或系统组件购买价的损害赔偿。在任何情况下，卖方均不就利润损失、失去用途、业务中断、或者任何种类的间接、特殊或结果性的损失承担赔偿责任。

22. 不可抗力

"不可抗力"指自然现象、火灾、意外事故、水灾、地震、罢工或工厂关闭、骚乱、暴动或动乱、禁运、战争，任何将来的法律、命令、法规或其他政府行为，运输迟延、能源短缺、原料短缺或在卖方合理控制之外的卖方供应商延迟交货。如果不可抗力的原因阻止、限制、延迟或干扰卖方履行本合同，则应免除卖方对不可抗力所延迟或阻止的部分的履行，但是，卖方应采取合理的措施避免或消除该等造成不履行的原因，并且一旦该等原因被消除，则卖方应继续履行原来受到被消除原因影响的条款。

23. 终止

（a）如果发生下列情况，买方或卖方应有权终止本合同：另一方为债权人利益转让其权利，或者一位管理人、破产托管人或类似官员被指定管理该方的全部或任何部分财产或业务，或者该方被宣告破产。

（b）如果买方疏忽或不按照本合同的条款付款，而且该情形在书面通知买方后________个工作日内未获补救，卖方应有权终止本合同。卖方可以（由其酌定）将买方补救的时间期限延长。

24. 不放弃权利

本合同一方免予追究对本合同任何条款的违反或不履行、或一方一次或多次未执行本合同的任何条款或行使本合同项下的任何权利或特权，均不得被解释为对任何随后的违反或不履行不予追究、或对本合同项下任何该等条款、权利或特权的放弃。

25. 通知

一方按照本合同可能向另一方发出的所有通知、请求或其他通讯应以书面做出，各方通讯地址如下：

（略）

本合同期间，双方的一切通讯均应以英文进行。

26. 适用法律以及争议解决

除关于法律选择或律师费的支付外，本合同应适用________法律，并按照________法律解释。

（a）协商。如果发生与本合同或其任何附件的效力、解释或执行有关的争议，双方首先应争取通过友好协商解决该争议，如果一方向另一方发出通知开始协商之后的________日内，该争议未以此方式解决，则任何一方可按照本第二十六条的规定将该争议提交仲裁。

（b）仲裁。仲裁应在________国际仲裁中心进行，仲裁应按照1976年12月5日通过的《联合国国际贸易法委员会仲裁规则》（UNCITRAL）进行。该规则通过在此款中提及而被视为本合同的一部分。

（c）仲裁程序在仲裁过程中，应适用下列具体规定：

（1）该仲裁的一切程序均应以英文进行；

（2）仲裁员为三名，均应英文流利。买方和卖方各自指定一名仲裁员。第三名仲裁员由________国际仲裁中心主席指定，并担任仲裁庭的首席仲裁员；

（3）仲裁费用（包括律师费以及双方的费用）应由败诉方承担；

（4）当发生任何争议时以及对任何争议进行仲裁时，除争议事项

外，双方将继续行使本合同项下各自其余的权利，履行本合同项下各自其余的义务；以及

（5）仲裁裁决应是终局的，对双方均有约束力，双方同意受其约束，并采取一切必要的措施执行仲裁裁决。任何有管辖权的法院均可就仲裁的裁决做出判决，或者可向该法院申请仲裁裁决的司法承认并发出执行令（视情况而定）。如果就仲裁裁决或就该裁决做出的判决向法院请求司法承认并发出执行令，双方明示地放弃反对的权利，包括该方否则具有的以主权国豁免权为理由的任何抗辩。

27. 拘束力

该等条款和条件对本合同双方、其继受人以及允许的受让人均有约束力，且为其利益而订立。

28. 整个合同

本合同所含的条款与条件包括双方应本合同标的达成的全部协议与共识，并且合并与取代之前所有的协议、共识以及声明。任何增加或修改除非以书面做出并由本合同双方签字，均属无效。本合同以英文订立，正本一式四份，每方各执两份。

29. 合同期限届满

本合同于生效日起________年期满。

双方于首页载明的日期正式签署本合同，以资证明。

卖方	买方
签字：________	签字：________
姓名：________	姓名：________
职务：________	职务：________
日期：________	日期：________

附件

附件一 系统组件（略）

附件二 交货和安装时间表（略）

附件三 价格和支付条件（略）

附件四 产品说明和规格（略）

附件五 卖方软件许可合同

本附件五（“许可合同”）条款规定，在以下指明的若干计算机软件用作卖方按合同（本附件五构成其一部分）所供系统的一部分或者与之一起使用的情况下，卖方即将该系统许可给买方。

1. 许可的授予

卖方（下称“许可人”）特此按本附件条款和条件向买方（下称“被许可人”）授予使用和复制本许可合同第 10 条所列及产品规格所述软件程序的不可转让的非独家许可，而被许可人特此按本附件条款和条件接受该许可。本许可合同第 10 条所列的、构成________控制系统的程序，与其任何拷贝、复制件或摘录一起，在本附件中统称为“程序”。除本附件具体规定的以外，未授予任何许可，无论是明示的还是默示的。

2. 使用限制

被许可人只可将程序用于卖方按本合同条款提供作为每个系统一部分的计算机，例外的是，如果________系统计算机因为发生故障不能操作，或在进行保养性维修、工程设计变更、特制件或模型变换期间不能操作，则亦可将程序用在被许可人的备用计算机上，直到________系统控制用计算机修复到操作状态为止。被许可人只能将程序用于直接的内部操作方面，在任何情况下均不得将程序供给他人使用。事先未经卖方以书面形式同意，不得在________系统控制用计算机硬件上安装、操作或配置任何其他程序。这也包括可能由卖方提供的、不在本许可合同范围内的操作软件或应用软件。

3. 复制限制

被许可人不得复制程序或其任何部分，例外的是，被许可人只是为了备份、存档和将程序置于适宜执行形式的，可以复制程序。所有经允许的复制件，都要清楚地标上与原先供给被许可人之程序相同的、关于许可人所有权和版权的限制说明。经允许的复制件应以安全的方式予以保存。

4. 转让限制

除非本合同允许并经卖方事先以书面形式同意，被许可人不得出售、转让、许可、转移或以其他方式提供程序。

5. 所有权

程序产权属于许可人，程序或其任何部分的产权、所有权或技术并未因此转给被许可人。被许可人承认，程序构成许可人的保密、专有资料和商业秘密，而不论程序或其他任何部分是否已获得或者可能获得版权和/或专利，程序乃是基于本合同项下被许可人与许可人之间的保密关系而向被许可人透露的。

6. 透露限制

除非本附件明确允许，被许可人不得将程序或其任何部分透露或者以其他方式提供给第三方，被许可人没有必要授权其在业务中使用程序的任何雇员。被许可人应采取一切合理、必要的步骤，保证许可人（或其雇员）不将程序或其任何部分透露或者以其他方式提供给任何第三方。

7. 保证

许可人保证其有权授予在本许可合同中所授予的许可，而且在验收之日起________年的期间内（在此称为“保证期”），程序基本上能按规格所述的方式运行。许可人在该保证项下的唯一义务是更正或替换已发现不合正常用途的任何程序。本保证明确替代一切其他明示或默示保证，包括（但不限于）关于适销性和适合某一特定用途的默示保证。许可人不保证程序和/或其相关文件（如有的话）符合被许可人的要求，没有错误，或者能够不间断地操作，其质量和性能方面的全部风险由被许可人承担。无论如何，许可人不负责赔偿特殊、杂项或结果性的损失（包括但不限于营业利润损失、业务中断、业务资料丢失或其他金钱损失），即使已通知许可人有可能发生该等损失的，也是如此。

8. 专利和版权补偿保证

对于向被许可人提起的诉讼，许可人同意自行承担费用为被许可人辩护，对于有管辖权法院在上述任何诉讼的终局判决中判由被许可人承担的损害赔偿和费用，许可人将对被许可人作出补偿，使之免受损害，其范围是判决基于这一主张，即在本许可合同所授予的许可范围内使用程序构成对________国任何专利或版权的侵权。适用上述规定的条件是，被许可人已用书面形式及时将该项诉讼的主张和提起通知许可人，并允许许可人通过其律师对诉讼进行辩护，给予许可人可以合理得到的一切资料、协助和授权，以便使许可人能够进行辩护，另一个条件是，许可人在本许可合同项下的责任（如果有的话）应严格地并且仅仅限于许可人因被许可人销售侵权产品而从被许可人处得到的特许权使用费收入金额，许可人有权控制上述任何诉讼（包括上诉）的辩护及其一切谈判，其中包括达成任何和解或妥协的权利。如在任何诉讼中程序被判为构成侵权，程序的使用被禁止，许可人可以自行承担费用选择承担以下任何一项：（a）设法为被许可人取得继续使用程序的权利；（b）替换或修改程序，使之不再构成侵权，并在实质上用同样的质量进行同样的服务；（c）在程序退还许可人之后给予被许可人抵免，但要从中扣除使用、损坏和陈旧的折旧费。许可人对基于以下其中一项的任何版权或专利侵权所提出的请求不负责任：（1）所用的不是当时未经变动的程序释放；（2）被许可人停止操作系统；（3）被许可人未按附件三支付任何许可费或者未能遵守本许可证合同的条款和规定，而且在书面通知其纠正后持续达到________天。

本合同按以上（a）项或（b）项终止之后，被许可人应迅速将程序及其一切复制件还给许可人，并在终止后________个月内向许可人提交一份书面声明，证明从许可人那里收到的程序和任何有关材料的原件或者就该许可所制作的复制件、摘录（包括部分复制和摘录）均已还给许可人或者销毁。

9. 所许可的程序

按本许可合同许可的程序如下：

（略）

10. 配置和安装

（略）

程序安装日期：________________

安装者签字：________________

被许可人签字：________________

本许可合同与合同条款有矛盾的，以本许可合同为准。

附件六　最终用户软件分许可合同

卖方与“用户”已签订一份由用户从卖方购买某些设备和软件的合同（“销售合同”）。整个软件及其任何部分均受数字设备公司（“设备公司”）向卖方授予的许可约束。按照设备公司和卖方签订的原设备制造商（“制造商”）合同，卖方被授权批准设备公司软件程序（“软件”）最终用户分许可合同。因此，卖方同意按照下列条款和条件向客户授予分许可，而用户同意按照下列条款和条件接受该项分许可：

1. 标准许可条款

A. 软件许可的授予

一旦用户订单已全部付款，卖方即应视为已向用户授予以下规定的软件许可。对用户的许可持续到按本合同规定终止之时为止。卖方向用户授予的许可以及用户在本合同项下的义务受本条款和条件支配。除本合同规定的以外，卖方未授予任何软件许可，不论是明示的还是默示的。

B. 软件执行

（1）本软件许可合同附录一列明了软件本身以及可以在上面执行软件的处理机或配置设备。“经许可的处理机”一词是指许可中具体规定的、具有以下任一情形的处理机或配置设备：

（i）其序号在卖方提供的卖方许可证或软件许可订单确认书上已有具体规定的；

（ii）如果没有这种具体规定，软件按照许可首次在其上面执行的。

（2）用户可以在经许可的处理机上执行软件，而且只有在经许可的处理机上执行软件所需的范围内，可以装入、复制或传送软件，但有以下两种例外：

（i）在因发生故障而无法在经许可的处理机上执行软件期间，用户可以暂时在另一单个处理机或配置设备上执行软件（诊断软件除外），并在暂时执行所需的范围内装入、传送或者复制软件；

（ii）用户可以按照________国版权法的规定制作软件存档复制件。

C. 修改与合并

用户可以：（i）修改软件（只能用机读形式），或者（ii）将已修改或未修改的软件并入其他软件，以便形成只是为了在经许可的处理机上执行软件所要的适配件。上述适配件中所含的软件任何部分继续受本条款和条件约束。

D. 软件的使用

(i) 在按本合同执行分许可所需的范围内，用户可以将软件提供给其雇员和代理人使用。除本 D 款所指明的以外，用户不得以任何形式将软件提供给任何一方使用。

(ii) 软件含有任何保密或商业秘密资料的范围内的，软件及其所含的资料即按保密关系许可给用户。用户明确承认这种保密关系的存在，并同意按本合同规定对软件和资料予以保密。

E. 个人和非排他性的许可用户的分许可是给用户个人的和非排他性质的，未经设备公司明示同意，不得转让。

F. 记录

1. 用户应做出完整、准确的记录，(i) 用以辨认软件和经许可的处理机；(ii) 标明软件位置。如卖方要求，用户应向卖方提供有关的记录，如卖方有理由认为，软件已在许可期间提供给任何第三方或者在任何其他处理机或配置设备上执行（本条款和条件许可的除外），用户应向许可人解释说明。

2. 用户同意在软件的所有完整或部分复制件、适配件或传送件上复制设备公司的版权通知及其他所有法律通知，包括（但不限于）其他所有权通知和政府机构要求进行的通知。

G. 许可限制；反向设计

卖方未向用户或任何第三方转让任何软件的产权或所有权。除本条款和条件明确规定的以外，用户不得执行、使用、复制或修改软件，或者采取与设备公司对软件的知识产权不符的行动。用户不得以反向设计软件或者反向设计软件的任何硬件、固件执行为目的，拆编、反装、分析或以其他方式研究软件。

2. 许可终止

A. 如果用户疏忽或者未能履行、遵守其在本条款和条件项下对设备公司或卖方承担的任何义务，而且这种情况在书面通知用户后 30 日内未得到纠正，则卖方或设备公司可以终止在本合同项下所授予的任何许可和已发出的任何软件订单。

B. 终止，不论是卖方、设备公司终止的还是用户终止的，都适用于许可在经许可的处理机上执行的所有软件版本。

C. 在用户所作的任何终止生效之前，卖方或者设备公司作出任何终止的，用户应（i）交还卖方或者设备公司提供的任何许可证；（ii）销毁用户所掌握的各种软件版本的所有复制件；（iii）从用户所制的任何适配件中消除软件的各个版本的所有部分，并予以销毁；（iv）用书面形式证明所有复制件（包括用户适配件中所含的一切复制件）已经销毁。

卖方：	买方：
签署：________	签署：________
姓名：________	姓名：________
职务：________	职务：________

（本附件的附录略）

附件七　租赁合同（略）

计算机软件许可合同（英文）
COMPUTER SOFTWARE LICENSING AGREEMENT

This contract made as of this ________ day, by and between ________, a Chinese enterprise legal person duly organized and registered under the laws of the People's Republic of China on behalf of ________, a Chinese entity duly organized and registered under the laws of the People's Republic of China (both of the foregoing parties are hereinafter collectively referred to as "Buyer") and ________, a corporation organized and existing under the laws of ________ ("Seller") as follows:

1. The agreement between the parties ("Contract") consists of the terms and conditions set forth herein and the following schedules incorporated by reference:

Annex A System Components

Annex B Delivery and Installation Timetable

Annex C Price and Payment Terms

Annex D Product Description and Specifications

Annex E Seller's Software License Agreement

Annex F End-user Software sublicense Agreement

2. Definitions

The following terms shall have the following meanings in this Contract:

(a) Commercial ________ system. (sketch)

(b) Consumer ________ system. (sketch)

(c) Control Computer: A component of the ________ System used by Buyer for ________.

(d) System

3. Provision of The System

Seller shall provide the System in accordance with the Product Description and Specifications (**Annex D**) and Delivery and Installation Timetable (**Annex B**) incorporated herein and Buyer shall pay for the System in accordance with the Price and Payment Terms (**Annex C**) incorporated herein. In addition, Seller will provide the ________ System to the Buyer in accordance with Annex C. For the avoidance of doubt, the term "System" as used in this Contract shall solely refer to the Seller's ________ system.

4. Payment

(a) In full consideration for providing the System and all related items to be provided under this Contract, Buyer shall pay to Seller the amount set forth in **Annex C** as the purchase price for the System.

(b) Payments shall be made in accordance with **Annex C**.

5. Delivery and Installation

(a) Delivery of the System will be made in accordance with the delivery schedule set forth in **Annex B**. Shipping charges are specified in **Annex C**. Buyer shall have the right to specify the carrier and shall instruct Seller of its choice in writing. In the absence of such instructions, Seller will select the carrier, but shall not thereby assume any liability in connection with shipment, nor shall the carrier be considered the agent of Seller. Unless requested by Buyer, Seller shall have no obligation to obtain insurance for Buyer or assist the Buyer with any shipping claims.

(b) The Seller shall, immediately upon the completion of the loading of the goods, advise the Buyer by cable/telex of the loading of the goods, the contract number, commodity, quantity, invoiced value and gross weight.

(c) Seller or its designated service provider shall install the ________ System at Buyer's designated facility in the People's Republic of China.

Installation charges are specified in **Annex C**. Buyer shall be responsible for timely completion, in accordance with the Installation Timetable herein (**Annex B**), of any necessary on-site preparations and modifications of Buyer's facilities based on the specifications set forth in the Site Preparation Guidelines previously provided to Buyer. Buyer shall provide additional test equipment and resources (including but not limited to floor space, power outlets, interconnecting cables, racks, satellite facilities and the like), if needed, in accordance with the Site Preparation guidelines. Buyer shall have the responsibility for and shall pay for all such facilities, preparations, equipment, resources, licenses and permits required thereof.

6. Compliance with Export Control Laws of the Seller's Country

(a) Seller agrees to apply for all ________ Government export licenses, permits and approvals required for the exportation from ________ to China of the products and technology to be purchased by Buyer from Seller. In the event that, despite Seller's best efforts, Seller is unable to obtain any and all license, permits and approvals needed to lawfully export such products and technology from ________ to China, this Contract is immediately terminated, the Seller and Buyer are excused from performance, and each Party agrees to hold the other Party harmless.

(b) Buyer hereby undertakes to comply with the export laws and regulations of ________ and agrees that, without obtaining the necessary license of approval from the Government, Buyer will not knowingly:

(i) export, directly or indirectly, any origin technical data or software acquired from Seller, or any direct product of that technical data, to any country for which the Government or any agency thereof at the time of export requires an export license or other governmental approval; or

(ii) disclose any origin technical data or software acquired from Seller to any national of any country for which the Government or any agency thereof requires an export license or other governmental approval.

(c) Within ________ months of the signing of this contract, the Seller agrees to inform the Buyer of the status of the Seller's application for the Government export licenses, permits and approvals required for the exportation from ________ to China of the products and technology to be purchased by Buyer from Seller.

7. Title and Risk of Loss

The items purchased by the Buyer shall be delivered C. I. F. ________ in accordance with INCOTERMS 1990. Therefore, the risk of loss for the items purchased by the Buyer shall be borne by the Seller until the items are delivered to the export carrier. After delivery of the items purchased by the Buyer to the export carrier, the title and risk of loss for the items purchased by the Buyer shall pass to the Buyer.

8. Acceptance Tests and Acceptance

(a) Acceptance testing of the System shall be in accordance with Seller's Acceptance Test Procedure. Seller or its designated service provider shall conduct the acceptance tests in accordance with said Test Procedure. If any such test is not Successfully Completed (as defined below), Seller or its designated service provider shall evaluate the test and make any adjustments or corrections of the System as will result in performance of the System in accordance with the Specifications. Buyer shall be given reasonable prior notice of the commencement of, and the reasonable opportunity to observe, all such tests.

(b) The term "Successful Completion", when used in this Contract with respect to any test, means successful completion of such test as defined in the particular test procedure and all references to test denote the tests in

Seller's Acceptance Test Procedure.

(c) Acceptance of the System ("Acceptance") for purposes of **Annex C** shall be deemed to have occurred when all tests set forth in the Acceptance Test Procedure for the system at Buyer's facility have been successfully completed.

(d) Seller represents and warrants that it will deliver to Buyer a complete, correct and valid system, capable of accomplishing the technical targets specified in Product Description and Specifications, as demonstrated by Successful Completion of the Acceptance testing of the System. Successful Completion shall be deemed as conclusive proof that the System is complete, correct and valid, and capable of accomplishing the technical targets set forth in the Specifications.

9. Shipment in Place and Qualified Acceptance

(a) In the event that the System or any part thereof is ready for shipment or installation in accordance with the dates set forth in **Annex B** and such shipment or installation is delayed more than ________ calendar days pursuant to Buyer's request or because Buyer is unable to provide the necessary facilities, test equipment or resources for receipt or installation of the System, Seller may, at Seller's option, notify Buyer that the System or any part thereof is being treated as though actually shipped, delivered and installed ("Shipped in Place"). In addition, Buyer shall reimburse Seller for all storage or other expenses which Seller incurs by reason of such delay.

(b) ________ days following notice of Shipment in Place Seller shall be entitled to invoice Buyer in accordance with the payment terms set forth in **Annex C** hereto (i) for one hundred percent of the purchase price for commercial ________ system Shipped in Place, and (ii) with respect to Systems, the amount that would have been due had the System actually been shipped, with the balance to be invoiced upon Acceptance.

(c) Qualified acceptance by Buyer of the System or any portion thereof ("Qualified Acceptance") shall occur at any time, either before or after the scheduled shipment or installation dates set forth in **Annex B**,

(i) upon determination by Buyer, and written notification to Seller, that the System, is suitable to commence the operations for which Buyer intends to use it; or

(ii) that the System has commenced the operations for which Buyer intends to use it.

(d) Qualified Acceptance shall have the same consequences as those set forth in Section 8 (b) above except that the amount due for Systems shall be the difference between the amount paid to date and ________ percent of the amount that would have been due upon Acceptance, with the balance to be invoiced upon Acceptance.

(e) Neither Shipment in Place nor Qualified Acceptance shall relieve Seller from any of its responsibilities under this Contract, including Successful Completion of the Acceptance Tests and correction of defects or deficiencies in accordance with the terms and conditions hereof.

10. Taxes

(a) Any and all taxes, levies, customs duties, sales, use, excise, value added and similar taxes to be levied on the Buyer in connection with the performance of this Contract for the sale of goods and repair and installation services, which are now existing or which may be hereinafter imposed by any People's Republic of China governmental entity, shall be borne and paid by the Buyer.

(b) All taxes in connection with the execution of this Contract imposed by any People's Republic of China governmental entity on the Seller, and all taxes in connection with the execution of this Contract imposed by any ________ governmental entity on the Buyer, in accordance with the tax laws which are now existing or which may be hereinafter imposed and the Agreement between the Government of ________ and the Government of the People's Republic of China for the Avoidance of Double Taxation and the Prevention of Fiscal Evasion with Respect to Taxes on Income, shall be borne and paid by the Seller and Buyer, respectively.

(c) With regard to Section 10 (b) above, the Seller shall remit payment for such taxes to the relevant Chinese tax authorities through the Buyer within ________ working days after the Seller is in receipt of one (1) original certificate (invoice) for the taxes levied by the Chinese taxation authorities. The Buyer shall remit payment for such taxes to the relevant ________ tax authorities through the Seller within ________ working days after the Buyer is in receipt of one (1) original certificate (invoice) for the taxes levied by the ________ taxation authorities.

(d) Any and all taxes, levies, customs duties, sales, use, excise, value added and similar taxes to be levied on the Seller in connection with the performance of this Contract for the sale of goods and repair and installation services, which are now existing or which may be hereinafter imposed by any ________ governmental entity, shall be borne and paid by the Seller.

11. Operating Manuals and Other Materials/Training

(a) Seller shall provide with each Commercial ________ system, one User's Guide.

(b) Seller shall provide Buyer with three copies of all operating manuals and installation instructions for the System, as well as maintenance manuals.

(c) Prior to installation of the System, Seller shall provide Buyer's employees with a training course in the use of the System, as well as in computer management techniques. Furthermore, these employees shall observe the Acceptance Test Procedure (ATP). The training course and ATP described in this Article 11 (c) shall take place over a ________ day period at the Seller's facilities in ________, and all related expenses shall be borne by the Seller.

(d) Following installation of the System, Seller or its designated service provider shall provide to Buyer's employees a training course of up to ________ days in duration on-site at Buyer's facility.

12. System Warranties

(a) Seller represents and warrants that it is the owner, or beneficial licensee, of all intellectual property rights herein licensed, leased or sold to Buyer, and that it has the right to license, lease or sell the same to Buyer. Seller warrants that the System and all equipment and related software furnished under this Contract (except for the Control Computer [s] and Control Computer [s] operating system software), shall be free from defects in material and workmanship for a period of one year after date of Acceptance, except with respect to Commercial and Consumer ________ system, for which the period shall extend for one year after date of shipment. During such period Seller shall repair or replace and reinstall at Buyer's premises the System or any defective portion thereof without charge. Seller's warranty does not cover the Control Computer or the Control Computer's operating system software included in the System, but Seller shall assign any outstanding manufacturer's warranty thereof to Buyer, to the extent assignable. If there is no such assigned warranty that extends one year beyond Acceptance, Seller shall purchase, in lieu of warranty, for the benefit of Buyer and as part of the purchase price, an extended hardware and software maintenance contract for such Control Computer and operating system software which maintenance contract shall extend for a one year period after acceptance. If any repair or replacement results from a defect not covered by the warranty or from causes other than normal usage and regular installation, Buyer shall pay Seller for all labor and materials (including travel expenses) provided by Seller in its attempt to remedy such deficiency.

(b) The warranties set forth herein shall apply only to items which, after regular installation and under normal usage, are found to have been defective within the warranty period. Such warranties shall not apply to items that have been modified or altered without Seller's written approval, or have been subjected to abuse, accident, negligence or improper application.

(c) The warranties set forth herein are in lieu of all other warranties as to performance of the system, express or implied, including without limitation any implied warranties of merchantability or fitness for a particular purpose. Buyer's sole and exclusive remedy for any breach by Seller of any of the warranties set forth herein shall be for Seller to make such repairs and/or replacements necessary to fulfill such warranties. in no event shall seller be liable for any loss of audio, video or data signals, interruption of business, or special, indirect or consequential damages of any kind or nature whatsoever. Seller shall not be responsible for delays in performing its obligations under this Article resulting from Buyer's negligence or fault.

13. Nonwarranty Repairs and Spares Support

(a) Until the earlier of (i) ________ years from the Acceptance of the System, or (ii) the date Buyer Ceases to Operate the System, Seller shall offer to provide repair services and/or spare parts for the System ("Support Period"), it being understood that Seller's charges for spare parts and/or repairs not covered by warranty shall be at Seller's then current time and material rates or spare parts prices and shall be invoiced as soon as work involved is completed. Seller shall have no obligation hereunder or otherwise to provide further spare parts or repair services to any person that has failed to pay promptly for any such spare parts or repairs.

(b) Subsequent to the Support Period, Seller may discontinue offering spare parts and/or repair services for the System upon ________ months prior written notice to Buyer of Seller's intended discontinuance, provided however, that Seller, at Seller's option, either (i) grants to Buyer a nonexclusive license to make or have made for Buyer's own use and not for sale any such System components (exclusive of the Control Computer and its operating system software) and furnishes Buyer all necessary documentation, specifications, drawings and other data, or (ii) allows Buyer the opportunity to purchase sufficient quantities of spare parts as Buyer deems necessary to maintain and support the System.

(c) For purposes of this Contract, Buyer shall cease to operate the system if Buyer does not use the System furnished by Seller as part of the regular use on a regularly used satellite transponder to encode and decode signals.

14. Extended Maintenance

Prior to the expiration of the warranty period for the System set forth in this Contract, Seller and/or its designated service provider shall offer to Buyer the opportunity to enter into an extended maintenance contract with respect to the System (including the related Control Computer software but excluding the Control Computer hardware platform), renewable for successive and consecutive ________ year periods. Seller and Buyer shall discuss proposals for establishing a service center in ________, with the participation of Buyer, for the servicing of the system. Seller and Buyer shall also discuss proposals for future joint cooperation on other projects within China.

15. System Licenses and Condition Precedent to Effectiveness

(a) The Control Computer's operating system software is provided to Buyer under the terms and conditions of a sublicense from the operating system licensor, as set forth in **Annex F** herein.

(b) All Seller's software required for operation of the System and the system is provided to Buyer under the license set forth in **Annex E** herein.
(c) No technology transfer or assignment is granted under this Contract with respect to any products, or systems owned by Seller or any proprietary rights owned or sublicensed by Seller. No right to grant sublicenses is granted or is to be inferred or implied under this Contract.
(d) Relevant PRC regulations may require Buyer to obtain the approval of the Ministry of Foreign Trade and Economic Cooperation ("MOFTEC") as a precondition for the effectiveness of (a) the sublicense of the Control Computer's operating system software to Buyer from the operating system licensor, as set forth in **Annex F** herein and (b) the license of Seller's software which is required for operation of the System, to Buyer as set forth in **Annex E** herein (collectively, the "Annexes"). Within ________ working days of the execution of the Contract, Buyer and Seller will jointly confer with MOFTEC to determine whether MOFTEC's approval is required for the effectiveness of the Annexes. If MOFTEC informs Buyer and Seller to the satisfaction of Buyer and Seller that the Annexes do not require its approval, the Contract shall become effective upon such communication. If, on the other hand, MOFTEC informs Seller and Buyer that the issuance of its approval is a precondition for the effectiveness of the Annexes, then this Contract shall become effective only upon the issuance of such approvals. If the foregoing conditions are not fulfilled within ________ days after the Contract execution date and Buyer and Seller do not agree in writing to waive such condition or to extend the time for its fulfillment, the Seller shall in such event be entitled to terminate the Contract forthwith and neither Party shall have any further obligations or liability towards the other Party under this Contract.

16. System Security Requirements

The parties shall agree to institute a System security plan for the System, which plan outlines security procedures that will be established and maintained in order to prevent theft or other compromise of the System during the shipment, storage, operation or any other phase of the parties' activities in connection with this Contract, including the warranty and post-warranty periods. Buyer agrees to adopt and comply with and/or cause its agents to adopt and comply with reasonable alternate or additional security requirements Seller may from time to time recommend.

17. Equipment Order Lead Times

Delivery dates for the equipment which is the subject of this Contract appear in **Annex B**. Order lead times required for additional equipment are as follows: (sketch)

Buyer will provide a rolling ________ month forecast of equipment desired for delivery. The first ________ months of this forecast are to be considered firm orders, subject to cancellation penalties set forth in **Annex C**.

18. Mutual Representations

Each party represents and warrants that:

(a) It is duly organized and registered and in good standing in its state or country and has power and authority to enter into and perform this Contract and any other agreements and documents executed or delivered by it in connection herewith (collectively, with this Contract, "the Documents").

(b) Its execution, delivery and performance of the Documents have been duly authorized by all necessary action.

19. Confidentiality

(a) Buyer agrees that any information or data such as Seller's drawings and software (including, without limitation, designs, reports, software documentation, manuals, models, and the like), revealed by Seller to Buyer and containing proprietary information marked or identified as "proprietary" or "confidential" shall be maintained in confidence by Buyer with at least the same care and safeguards as are applied to Buyer's own proprietary information, but in no event with less than reasonable care. Such information or data shall not be duplicated, disclosed to others, or used without the written permission of Seller. These obligations shall not apply to any information or data which is in or comes into the public domain without violation of this provision; or is received lawfully by Buyer from a third party; or is developed by Buyer independently and without benefit of the information or data received from Seller. Seller shall have no obligation to provide confidential or proprietary information.

(b) Buyer's obligations under this clause shall remain in effect for ______ years after this Contract is signed by the Seller and Buyer. All tangible forms of Seller's proprietary information delivered by Seller to Buyer shall be and remain the property of Seller, and shall be returned to Seller upon Seller's request.

(c) Except as expressly provided herein, it is agreed that no license under any patents, trade secrets or copyrights of Seller is granted to Buyer by the disclosure of Seller's confidential or proprietary information.

(d) Neither party shall use the name or the name of any trademark or trade name (or symbolic representation thereof) of the other party or its parent, subsidiaries or other affiliates, in marketing, advertising, public relations efforts or in any other manner without the express written consent of such other party in each instance, which consent shall not unreasonably be withheld or delayed.

20. Indemnification

(a) Each party shall indemnify and hold harmless the other party, its shareholders, directors, officers, employees, agents, designees and assignees, or any of them, from and against all losses, damages, liabilities, expenses, costs, claims, suits, demands, actions, causes of actions, proceedings, judgments, assessments, deficiencies and charges (collectively, "Damages") caused by, relating to or arising from the performance by such party in accordance with this Contract of its obligations hereunder, and Buyer shall also indemnify Seller, without limiting the foregoing, for any such item caused by, relating to or arising from (i) the programming services which are authorized for viewing using the System, including any assertion that any such programming service involves copyright infringement, (ii) any disputes between Buyer and any of its program distributors or other distributors or affiliates. (iii) any disputes or claims involving the subscribers for Buyer's programming services, or (iv) any assertion that Buyer has been involved in, that Buyer's conduct of subscription involves, or that Buyer's use of the System involves, any unfair competition or violations of laws, rules or regulations.

(b) In the event of a third-party claim, with respect to which a party is entitled to indemnification hereunder, a party (the "Indemnified Party") shall notify the other party (the "Indemnifying Party") in writing as soon as practicable, but in no event later than ________ days after receipt of such claims. The Indemnified Party's failure to provide such notice shall not preclude it from seeking indemnification hereunder unless such failure has materially prejudiced the Indemnifying Party's ability to defend such claim. The Indemnifying Party shall promptly defend such claim (with counsel of its own choosing) and the Indemnified Party shall cooperate with the Indemnifying Party in the defense of such claim, including the settlement of the matter on the basis stipulated by the Indemnifying Party (with the

Indemnifying Party being responsible for all costs and expenses of such settlement). If the Indemnifying Party within a reasonable time after notice of a claim fails to defend the Indemnified Party, the Indemnified Party shall be entitled to undertake the defense, compromise or settlement of such claim at the expense of the Indemnifying Party. Upon the assumption of the defense of such claim, the Indemnifying Party may settle, compromise or defend as it sees fit. Notwithstanding anything to the contrary set forth in this Section, Seller will defend any suit, claim, action or proceeding brought against Buyer to the extent that such suit, claim, action or proceeding is based on a claim that goods manufactured and sold by Seller to Buyer infringe patent, copyright, mask work, trademark, trade secret or any other intellectual property rights of any third party and Seller shall pay all damages and costs awarded by final judgment (from which no appeal may be taken) against Buyer, as well as its actual expenses and costs, on condition that Seller (i) is promptly informed and furnished a copy of each communication, notice or other action relating to the alleged infringement, (ii) is given sole control of the defense (including the right to select counsel), and the sole right to compromise and settle such suit or proceeding; provided however, that Seller's liability hereunder, if any, shall be strictly and solely limited to the amount of royalties which would be payable in respect of revenues derived by Seller from Buyer from sales of the infringing goods. Seller shall not be obligated to defend or be liable for costs and damages if the infringement arises out of a combination with, an addition to, or modification of the goods after delivery by Seller, or from use of the goods, or any part thereof, in the practice of a process. If any goods manufactured and supplied by Seller to Buyer are held to infringe any valid patent and Buyer is enjoined from using the same, or if Seller believes such infringement is likely, Seller will exert all reasonable efforts at its option and expense (i) to procure for Buyer the right to use such goods free of any liability for such infringement, or (ii) replace or modify such goods with a noninfringing substitute otherwise complying substantially with all the requirements of this Contract, or (iii) upon return of the goods, refund the purchase price and the transportation costs of such goods (less reasonable allowance for their use and benefit derived there from for the period of time from delivery to Buyer, such allowance being based on a straight-line depreciation period of ________ years from the date of shipment by Seller). If the infringement is alleged prior to completion of delivery of the goods, Seller has the right to decline to make further shipments without being in breach of contract. If Seller has not been enjoined from selling such goods to Buyer, Seller may (at Seller's sole election), at Buyer's request, supply such goods to Buyer, in which event Buyer shall be deemed to extend to Seller the same patent indemnity hereinabove stated. The same patent indemnity shall be deemed to be extended to Seller by Buyer if any suit or proceeding is brought against Seller based on a claim that the goods manufactured by Seller in compliance with Buyer's specifications infringe any valid patent. Buyer shall promptly notify Seller of any infringement by a third party of intellectual property rights licensed to Buyer under this Contract. In the event that a third party infringes such intellectual property rights, the Parties shall cooperate with one another to take appropriate action to cause such infringement to cease. The foregoing states the sole and exclusive liability of the parties hereto for infringement of patents, copyrights, mask works, trade secrets trademarks, and other proprietary rights, whether direct or contributory, and is in lieu of all warranties, express, implied or statutory, in regard thereto, including, without limitation, the warranty against infringement specified in the uniform commercial code.

21. Limitation of Liability

Buyer agrees that in no event shall Seller be liable for damages hereunder, or for any claim of any kind as to any System or System components delivered or for nondelivery of such System or components, regardless of the form of the action, in an amount greater than the purchase price of the System or components in respect of which such claim is made. In no event shall Seller be liable for any loss of profits, loss of use, interruption of business, or indirect, special or consequential damages of any kind.

22. Force Majeure

The term "Force Majeure" means acts of God, fire, casualty, flood, earthquake, strikes or lockouts, riots, insurrections or civil disorders, embargoes, war, any future law, order, regulation, or other act of government, and other delays beyond Seller's reasonable control. If Seller's performance of this Contract is prevented, restricted, delayed or interfered with by reason of Force Majeure, Seller's performance shall be excused to the extent delayed or prevented by Force Majeure, provided, however, that Seller take reasonable steps to avoid or remove such causes of nonperformance and shall continue performance whenever and to the extent such causes are removed. If, due to a Force Majeure event, the Buyer and/or Seller cannot accomplish its contractual obligations for a period of ________ consecutive months, the Buyer and Seller shall meet and come to an agreement within the shortest possible period of time upon the conditions on which they could continue the execution of this contract. Should the Buyer and Seller fail to agree on the conditions of such continuation, the matter shall be referred to arbitration in accordance with Article 26 hereof.

23. Termination

(a) Buyer or Seller shall have the right to terminate this Contract if the other makes an assignment for the benefit of creditors, or a receiver, trustee in bankruptcy or similar officer is appointed to take charge of all or any part of the party's property or business or is adjudicated a bankrupt.

(b) Seller shall have the right to terminate this Contract if Buyer neglects or fails to make payment in accordance with the terms hereof and such condition is not remedied within ________ business days after written notice to Buyer. Seller may, at Seller's option, extend the time for Buyer's cure.

24. Nonwaiver of Rights

Neither the waiver by a party hereto of a breach of, or a default under, any of the provisions of this Contract, nor the failure of a party on one or more occasions, to enforce any of the provisions of this Contract or to exercise any right or privilege hereunder shall thereafter be construed as a waiver of any subsequent breach or default, or as a waiver of any of such provisions, rights or privileges hereunder.

25. Notices

All notices, requests, or other communications which may be sent by either party to the other party pursuant to this Contract shall be in writing and shall be addressed as follows:

If to Seller:

If to Buyer:

All communications between the parties in the course of the present Contract shall be made in ________ language by registered airmail letter sent to the addresses set forth herein or by facsimile. The date of receipt of notice shall be deemed to be ________ days after its postmark in the case of registered mail or the date of dispatch of a facsimile.

26. Applicable Law and Resolution of Disputes

This Contract is made in accordance with the Foreign Economic Contract Law of the People's Republic of China and the laws of ________ (country). The laws of ________ (country) shall be applied to the settlement of any disputes arising from this Contract.

(a) Consultations. In the event any dispute arises in connection with the validity, interpretation, or implementation of this Contract or any of its annexes, the Parties shall attempt in the first instance to resolve such dispute through friendly consultations. If the dispute is not resolved in this manner within ________ days after the date on which one Party has served written notice on the other Party for the commencement of consultations, then either party may refer the dispute to arbitration in accordance with the provisions of this Section 26.

(b) Arbitration. (sketch)

27. Binding Effect

These terms and conditions shall be binding upon and inure to the benefit of the parties hereto, their successors and permitted assigns.

28. Entire Contract

The terms and conditions incorporated herein contain the entire agreement and understanding between the parties with respect to the subject matter hereof and merge and supersede all prior agreements, understandings and representations. No additions or modifications shall be effective unless in writing signed by the parties hereto. The present Contract shall be made in ________ Language in (4) originals, (2) for each party.

In witness whereof, the parties have duly executed this Contract on the date first above written.

SELLER: ________　　　　BUYER: ________

By: ________　　　　By: ________

Annex A System Components (sketch)

Annex B Delivery and Installation Timetable (sketch)

Annex C Price and Payment Terms (sketch)

Annex D Product Description and Specifications (sketch)

Annex E Seller's Software License Agreement

The terms and provisions of this **Annex E** (License Contract) provide for the licensing by Seller to Buyer of certain computer software specified below where such software is used either as part of or in conjunction with the System to be provided by Seller under this Contract, or which this **Annex E** forms a part thereof.

1. Grant of License

Seller (hereinafter Licensor) hereby grants to Buyer (hereinafter Licensee) and Licensee hereby accepts, a nontransferable, nonexclusive license to use and copy, on the terms and conditions set forth herein, the software program (s) listed in Article 10 of this License Contract and described in the product specifications. Said program (s) listed in Article 10 of this License Contract together with any copies or reproductions thereof or excerpts therefrom, are herein collectively referred to as the "Program". No license, expressed or implied, is granted except as specifically provided herein.

2. Restriction on Use

Licensee may use the Program solely and exclusively on the computer (s) furnished by the Seller under terms of this Contract, as part of each System, except that the Program may also be used on Licensee's backup computer if the System computers are inoperative because of malfunction or during the performance of preventive maintenance, engineering changes or changes in features or model, until the System control computer (s) is restored to operative status. Licensee shall use the Program only in connection with its immediate internal operations, and shall not offer or supply the use of the Program to others under any circumstance. No other software program can be installed, operated, or configured on the System Control Computer hardware without prior written approval by Seller. This includes operating or application software that may be available from Seller that is not covered by this License Contract.

3. Restriction on Copying

Licensee shall make no copies of the Program, or any part thereof, except that Licensee may make copies of the Program solely for the purposes of backup, archival storage and placing the Program in a form suitable for execution. All permitted copies shall be clearly marked with the same Licensor proprietary and copyright restrictions which appear on the Program originally supplied to Licensee. Permitted copies shall be stored in a secure manner.

4. Restriction on Transfer

Licensee shall not sell, assign, sublicense, transfer, or otherwise make available the Program, except as may be permitted by this Contract and only with written prior consent by Seller.

5. Buyership Rights

Title to the Program shall be and remain in Licensor, and no title to or ownership of or technology transfer of the Program or any portion thereof is conveyed or transferred to the Licensee hereby. Licensee acknowledges the Program constitutes confidential and proprietary information and trade secrets of Licensor, whether or not the Program, or any portion of it, is or may be copyrighted or copyrightable and/or patented or patentable, and that disclosure of the Program to Licensee is on the basis of the confidential relationship between Licensee and Licensor under this Contract.

6. Restriction on Disclosure

Except as expressly permitted herein, Licensee shall not disclose or otherwise make available the Program, or any portion thereof, to any third party or to any employee of Licensee who is not of necessity authorized by Licensee to use the Program in Licensee's business. Licensee shall take all reasonable steps necessary to insure the Program, or any portion thereof, is not disclosed or otherwise made available by Licensee (or employees of Licensee) to any third party.

7. Warranty

Licensor warrants it has the right to grant the license herein granted, and for a period of one (1) year from the date of Acceptance (herein the "warranty Period"), the Program will perform substantially in the manner set forth in the specifications. Licensor's sole obligation under this warranty shall be to correct or replace any Program found to be defective from normal usage. This warranty is expressly in lieu of all other warranties, express or implied, including but not limited to, the implied warranties of merchantability and fitness for a particular purpose. Licensor does not warrant that the program and/or its associated documentation, if any, will meet licensee's requirements, be error free, or operate without interruption, and licensee assumes the entire risk as to its quality and performance. In no event will licensor be liable for special, incidental, or consequential damages (including, without limitation, damages for loss of business profits, business interruption, loss of business information or other pecuniary loss) even if licensor has been advised of the possibility that such damages may arise.

8. Patent and copyright Indemnity Licensor agrees that it will, at its own expense, defend any action brought against Licensee, and indemnify Licensee against any award of damages and costs made against Licensee by a final judgment of a court of competent jurisdiction in any such action, insofar as the same are based on a claim that the Program used within the scope of the license herein granted constitutes an infringement of any patent or copyright; provided Licensee shall have given Licensor prompt notice in writing of the claim and institution of such action, and permits Licensor, through its counsel, to defend the same and give Licensor all reasonably available information, assistance and authority to enable Licensor to so defend and further provided, that Licensor's liability hereunder, if any, shall be strictly and solely limited to the amount of royalties which would be payable in respect to revenues derived by Licensor from Licensee from sales of the infringing goods. Licensor shall have control of the defense of any such action including appeals, and of all negotiations thereof, including the right to effect any settlement or compromise. In case the Program is, in any

action, held to constitute an infringement and its use is enjoined, Licensor shall, at its option and expense (a) procure for Licensee the right to continue using the Program, or (b) replace or modify the same so that it becomes noninfringing and performs the same service with substantially the same quality, or (c) grant Licensee a credit, less reasonable depreciation for use, damage and obsolescence, upon return of the Program to Licensor. Licensor shall have no liability for any claim of copyright or patent infringement based on: (i) use of other than a current unaltered release of the Program; or (ii) use of a current unaltered release of the Program with non-Licensor Programs or data. The foregoing states the entire liability with respect to infringement of any copyrights or patents with regard to the Program.

9. Terms and Termination

The term of this License Contract and the license granted hereunder shall commence on the date hereof, and shall terminate on the earlier of:
(a) when Licensee Ceases to Operate the System; or (b) the failure of Licensee to pay any License fee or to comply with any of the terms and provisions hereof, which failure continues for a period of ________ days after written notice to cure such failure and avoid termination. Upon any termination of this Contract, pursuant to (a) or (b) above, Licensee shall promptly return the Program and all copies thereof to Licensor, and shall, within ________ months after any such termination furnish Licensor a written statement certifying that the original and all copies and extracts (including partial copies and extracts) of the Program and any related material received from Licensor or made in connection with such license have been returned to Licensor or destroyed.

10. Licensed Programs

Program (s) licensed under this License Contract: ________.

11. Configuration and Installation

In the event of any conflict between this License Agreement and the terms of the Contract, this License Agreement shall prevail. In witness whereof, the parties have executed this Seller's Software License Agreement on the date first above written.

SELLER: ________ BUYER: ________

By: ________ By: ________

Annex F End-user Software Sublicense Agreement

Seller, ________ ("Company") and ________ ("Customer"), have entered into the Contract for the acquisition by Customer of certain equipment and software from Company.

All or a portion of the software is subject to a license granted by ________ Corporation to Company.

Under the terms of the Original Equipment Manufacturer's (OEM) Contract between ________ Corporation and Company, Company is authorized to approve Sublicense Contracts to End-Users of ________ Software Programs ("Software"). Accordingly, Company agrees to grant, and Customer agrees to accept a Sublicense in accordance with the following terms and conditions:

I. Standard License Terms

A. Grant of Software License

Upon full payment with respect to Customer's order, Company will be deemed to have granted to Customer a Software license as provided below.

Customer's license shall continue unless terminated as provided herein. These Terms and Conditions govern the license granted by Company to Customer and Customer's obligations thereunder. Company grants no Software licenses whatsoever, either explicitly or implicitly, except as provided in this Contract.

B. Software Execution

1. Attachment 1 to this Software License identifies the Software and the processor or equipment configuration on which the Software may be executed. The term "Licensed Processor" shall mean a processor or equipment configuration of the type specified in the license:

(i) the serial number of which is specified in the Company license certificate furnished by Company or in the Software license order acknowledgement by Company or, if none is so specified;

(ii) on which the Software is first executed pursuant to the license grant.

2. Customer may execute the Software on the Licensed Processor, and may load, copy or transmit the Software, in whole or in part, only as necessary for execution on the Licensed Processor, except that:

(i) Customer may execute the Software (except diagnostic Software) on another single processor or equipment configuration on a temporary basis during a malfunction which prevents execution of the Software on the Licensed Processor, and may load, transmit, or copy the Software as necessary for such temporary execution; and, (ii) Customer may make archival copies of the Software as provided in the Copyright Law of ________ country.

C. Modification and Merger

Customer may (i) modify the Software (in machine readable form only) or (ii) merge modified Software or unmodified Software into other software, to form adaptations intended solely for execution by Customer on the Licensed Processor. Any part of the Software included in such adaptations will continue to be subject to these Terms and Conditions.

D. Access to Software

1. Customer may make the Software available to its employees and agents to the extent needed to exercise its sublicense hereunder. Customer shall not make the Software available in any form to any parties except those identified in this Subparagraph D.

2. To the extent that the Software contains any confidential or trade secret information, the Software and the information it contains are licensed to Customer pursuant to a confidential relationship. Customer expressly acknowledges this confidential relationship and agrees to keep the Software and information in confidence as provided herein.

E. Personal, Nonexclusive Licenses

Customer's sublicense is personal and nonexclusive and may not be transferred without ________ Corporation's express consent.

F. Record Keeping

1. Customer shall keep complete and accurate records (i) uniquely identifying the Software and the licensed Processors; and (ii) indicating where the Software is located. If requested by Company, Customer shall provide copies of the applicable records to Company and if Company reasonably believes that the Software has been made available to any third party or executed (except as permitted by these Terms and Conditions) on any other processor or equipment configuration during the term of the license, Customer shall provide an explanation.

2. Customer agrees to reproduce ________ Corporation's copyright and all

other legal notices, including but not limited to other proprietary notices and notices mandated by governmental entities, on all complete or partial copies, adaptations, or transmissions of the Software.

G. License Limitation, Reverse Engineering

Company transfers no title to or ownership of any Software to Customer or any third party. Except as explicitly set forth in these Terms and Conditions, Customer shall not execute, use, copy or modify the Software or take any action inconsistent with ________ Corporation's intellectual property rights in the Software. Customer shall not decompile or reverse assemble the Software, or analyze or otherwise examine it for reverse engineering the Software or for reverse engineering any hardware or firmware implementation of the Software.

II. License Termination

A. Company or ________ Corporation may terminate any licenses granted and any Software orders placed hereunder if Customer neglects or fails to perform or observe any of its obligations to ________ Corporation or Company under these Terms and Conditions, and such condition is not remedied within ________ days after written notice has been given to Customer.

B. Termination, whether by Company, ________ Corporation or Customer, shall apply to all versions of the Software licensed for execution on the Licensed Processor.

C. Before any termination by Customer becomes effective, and in the event of any termination by Company or ________ Corporation, Customer shall (i) return to Company or ________ Corporation any license certificate furnished by Company or ________ Corporation, (ii) destroy all copies of all versions of the Software in Customer's possession. (iii) remove all portions of all versions of the Software from any adaptations made by Customer and destroy such portions, and (iv) certify in writing that all copies including all those included in Customer's adaptations have been destroyed. In witness whereof, the parties have executed this End-User Software Sublicense Agreement on the date above first written.

SELLER: ________　　　　BUYER: ________

By: ________　　　　By: ________

附录六　全国版权代理机构一览表

名称	地址
中华版权代理总公司	北京市东城区安定门东大街28号雍和大厦西楼3层
陕西省版权事务中心	西安市北大街131号
上海市版权代理公司	上海市绍兴路5号
安徽省版权代理公司	合肥市跃进路1吃
广东省版权事务所	广州市水荫路11号18层
中国图书贸易总公司版权代理部	北京市车公庄西路35号公司西楼303
河南省版权代理公司	郑州市农业路73号院内
广西万达版权代理公司	南宁市民族大道68号
辽宁省版权代理公司	沈阳市和平区北一马路108号
湖北省版权代理公司	武汉市武昌中南路湖北省外文书店
黑龙江省版权代理公司	哈尔滨亓道里区森林街68号
四川省版权事务中心	成都市桂花巷21号
河北省版权代理公司	石家庄市友谊北大街330号
中国电视节目代理公司	北京市南礼士路三条1号
天津市版权代理公司	天津市和平区马场道150号
山东省版权代理公司	济南市省府前街1号综合楼
九州音像出版公司版权贸易部	北京市西城丰盛胡同19号
湖南省版权代理公司	长沙市展览馆路66号
北京天都电影版权代理中心	北京市海淀区红联东村28号办公楼105

名称	地址
中国电影输出输入公司	北京市新街口外大街25号
中国电视节目版权代理公司	北京市南礼士路三条1号
北京汇宇国际版权代理中心	海淀区复兴路甲14号华鹰大厦502－504室
云南版权代理公司	云南昆明市东风西路16号
中国图书进出口总公司版权事务部	北京市工体东路16号
北京版权代理有限责任公司	北京建国门内大街光华长安大厦后楼401室
中国出版对外贸易总公司版权事务部	北京市安定门外安华里504号
深圳市版权代理中心	深圳市红荔路6026号关山月美术馆5楼
吉林省版权代理公司	长春市人民街124号
广州中商版权代理有限公司	广州市站前横23号5楼

附录七　版权与版权许可专门词汇表

Acquisition of copyright	著作权的取得
Acceptance	接受
Adaptation	改编
Adaptor	改编者
Advance against	应付版税
Advance copy	样书
Advance payment	预付款
Advance payment of royalty	预付版税
Agreement	协议
Amendment	补充（合同）
Anonymous work	隐名作品
Anthology	选集
Anti-trust law	反托拉斯法
Arbitration	仲裁
Archive copy	存档用的复制本
Artistic work	艺术作品
Assignable license	可转让许可
Assignment of copyright	著作权转让
Audiovisual work	视听作品
Audit of licensee	对被许可人的审计
Author	作者

Authorization	授权
Author's rights	作者权利
Authorship	作者身份
Authorized signature	有权签字人的签字
Authorized use	经授权使用
Authorized user	获得授权的（版权）使用者
Authentication	身份验证
Background music	背景音乐
Backup copy	备份文件
Basic royalty	基本版税
Beijing International Book Fairs	北京国际图书博览会
Berne Convention	《伯尔尼公约》
Bestseller	畅销书
Bologna Book Fair	博洛尼亚儿童书展
Book club	图书俱乐部，购书会
BookExpo America	美国书展
Breach	违背（某项协议）、没有遵守某项协议
Broadcast	广播电视节目，广播
Broadcast works	用来播放的作品
Broadcasting	播放
Broadcasting of a literary or artistic work	文学或艺术作品的播放
Cable television	有线电视
Cairo International Book Fair	开罗国际图书博览会
Choreographic work	舞蹈作品
Cinematographic adaptation	电影改编
Cinematographic production	电影制品
Claim authorship	主张作者身份

Click-on license, click-through license	点击许可
Co-author	合作作者
Collective management of copyright	版权集体
Collective society	版权集体组织/协会
Commissioned work	委托作品
Compilation	汇编物
Composite work	合成作品
Compulsory license	强制许可
Computer program	计算机程序
Computer software license	计算机软件的许可
Colophon	出版商商标
Confidentiality	机密性
Confidential disclosure agreements	保密协议
Consent of the author	作者的同意
Contract	合同
Copy of a work	作品的复制品
Copyright	版权/著作权
Copyright law	版权法/著作权法
Copyright license	版权许可
Copyright Licensing Agency	版权授权代理机构
Copyright law	版权法，著作权法
Copyright notice	版权（注意）事项
Copyright owner	版权/著作权人
Copyright page	版权页
Copyright proprietor	版权/著作权所有者
Copyright reserved	版权所有
Country of first publication	首次出版国
Country of origin	来源国

Creator of work	作品的创作者
Derivative work	派生作品
Database	数据库
Derivative work	派生的作品
Design	设计
Disclaimer	声明拒绝承担责任，不承诺
Disclosed work	公开的作品（未必出版或发表）
Dissemination	传播
Distribution of a work	作品的发行
Distributor	发行人
Domain name	域名
Domestic law	国内法
Dramatic work	戏剧作品
Drawing	绘图
Droit de suite	追续权
Duplicate of a phonogram	录音制品的复制
Duration of protection	保护期
Economic rights	经济权利
Edition	版本
End-user	终端用户
Enforcement of licenses	许可的执行
Engraving（Work of - ）	版刻（作品）
Equitable remuneration	合理报酬
Exclusive right	专有权
Exclusive license	专有许可
Expiration of the term of protection	保护期届满
Exploitation of authors' rights	作者权利的利用
Exploitation of a work	作品的利用
Expression of a work	作品的表达

Fair dealing/Fair use	合理使用
Fiction	小说
First publication	首次出版
Fixation of a work	作品以某种固定形式的表达
Folk art	民间艺术
Folklore	民间文学艺术作品
Force majeure	不可抗拒力
Formality	手续
Franchising right	商品化权
Frankfurt Book Fair	法兰克福书展
Geographic limitation	地理区域限制
Ghostwriter	代笔人
Governing law	解决协议争端时适用的法律
Graphic work	平面作品，图片
Grant of	授权
Handicraft	手工艺
Illustration	插图
Improvisation	即兴创作
Inclusive	包括的
Indemnity	赔款、补偿
Indemnification	补偿物、保障
Industrial designs	工业外观设计
Infringement of copyright	侵权著作权
Infringement proceedings	侵权诉讼
Infringing copies of a work	侵权作品
Intellectual creation	智力创作
Intellectual property	知识产权
International Copyright Society	国际版权协会

International Intellectual Property Alliance	国际知识产权联盟
International Publishers Association	国际出版商协会
International Union for the Protection of Literary and Artistic Works	国际保护文学艺术作品联盟
Joint authorship	合作作者身份
Joint work	合作作品
Know-how license	技术许可
Liability	法律责任、义务
Libretto	（歌剧、音乐剧等的）歌词或剧本
License	许可
License agreement	许可协议
Licensee	获得许可的人
Licensor	许可证颁发者
Limitation of copyright	权利限制
Literary and artistic works	文学与艺术作品
London International Book Fair	伦敦国际书展
Lyrics of musical works	歌词
Maker of a cinematographic work	电影作品制作人
Manufacturing clause	印制条款
Manuscript	手稿
Mechanical rights	机械复制权
Microfilm	缩影胶片
Miscellaneous terms	杂项、其他条款
Modification of a work	对作品的改动
Moral rights	精神权利
Most favored nations clause	最惠国待遇条款
Musical work	音乐作品

National treatment	国民待遇
Negotiation	谈判
Neighboring rights	邻接权
Nonassignable	不可转让的
Nondisclosure	保密协议/条款
Nonexclusive	非专有的
Nontransferable	不可转让的
Non-waiver clause	不可自动放弃条款
Package license	一揽子许可
Penalty	处罚、罚款
Permitted use	经许可使用
Permitted user	经许可获得（版权的）使用者
Perpetual license	长期/永久许可使用权
Oral work	口述作品
Original copy（of a work）	（作品的）原件
Originality	原创性
Out of print edition	脱销版，绝版
Owner of copyright	著作权所有人
Paid-up	已付的
Paid-up license	一次性总付式许可
Pamphlet	小册子
Pantomime	哑剧表演
Paperback	平装本
Payments of royalties	版税支付
Performance of a work	作品的表演
Performer	表演者
Permission for noncommercial purposes	非盈利出版许可
Permission for nonprofit publishing	非盈利出版许可

Permission for quotation	引用许可
Personal right	人格权、人身权
Personal use	个人使用
Phonogram	录音制品
Photocopy	副本，照相复制品
Photographic work	摄影作品
Piracy	盗版
Piratical edition	盗版版本
Plagiarism	剽窃
Posthumous publication	作者死亡后首次发行的出物
Private use	非公开使用
Producer	制作者
Producer of phonograms	录音制品制作者
Protection	保护
Pseudonym	假名，化名
Pseudonymous work	化名作品
Publication	出版 出版物
Public domain	共有领域
Public lending right	公开租借权
Public performance	公开表演
Public recitation	公开朗诵
Published work	已出版作品
Publisher	出版者
Quotation from a work	引文
Radiophonic work	广播作品
Rebroadcasting	转播、重播
Recording of musical works	音乐作品的录制/录制品
Redress	救济，纠正，赔偿
Registration	注册

Remedy	补救，补救措施
Remuneration	报酬
Renewal of license	续约，重新签订许可协议
Reproduction of a work	作品的复制
Reprography	复印、复制
Rights of authors	作者的权利
Royalty	版税
Running royalty license	支付版税式许可
Sanction	制裁
Scope limitation	范围限制
Scope of rights transferred or licensed	转让或许可行使的权利范围
Screenplay	电影剧本
Script	剧本
Sculpture （work of -）	雕像（作品）
Semiconductor chip	半导体晶片
Shrinkwrap license	拆封/启封许可
Shooting script	分镜头剧本
Simultaneous publication	同时出版
Sketch	草稿
Sole license	唯一/单一许可
Sound recording	声音录制品
Source	出处
Statutory license	法定许可
Sublicense	分许可
Succession of copyright	版权的继承
Successor in title of the author	作者的权利继受人
Subscription	征订，定金
Synchronization	同期录制

Term	术语、条款、期限
Terms of protection	保护期
Termination	终止/撤销（协议）
Territoriality of copyright	版权的地域性
Third party	第三方
Title of a work	作品的名称
Transfer of rights	权利的转移
Transformation of a work	作品的转换
Translation right	翻译权
Unauthorized user	未经授权的用户
Unknown identity of the author	作者身份不明
Universal Copyright Convention	《世界版权公约》
Unpublished work	未出版作品
Validity of contract	契约效力
Venue	审判地
Verbal contract	口头契约
Videotape	录像带
Violation of (neighboring) rights	侵犯邻接权
Visual recording	视觉录制品
Warranty	担保
Watermarking	水印
Works	作品
Work made for hire	雇佣作品
Work of art	艺术作品
World Intellectual Property Organization	世界知识产权组织
Writings	文字作品
Written contract	书面合同

主要参考文献

- 李昆益. 商务谈判技巧［M］. 北京：对外经贸大学出版社，2008.
- 徐建华. 版权贸易新论【M】. 苏州大学出版社，2005
- Alexander I. Poltorak & Paul J. Lerner. *Essentials of Licensing Intellectual Property*［M］. New Jersey：John Wiley & Sons, Inc., 2004.
- Anne Laws. *Negotiations*［M］. 北京：人民邮电出版社，2008/
- Goldstein Paul. *International Copyright*：*Principles*，*Law and Practice*［M］. Oxford：New York Oxford University Press，2001.
- Mark Poster. *The Mode of Information*［J］. Poststructuralism and Social Context. 1990.
- Jay Dratler, Jr. 著，王春燕等译. 知识产权许可（上）【M】. 北京：清华大学出版社，2003.